I0566803

BESTACTIVITYBOOKS.COM

EERSTE EDITIE - Gepubliceerd in 2022

Extra grafisch materiaal van: www.freepik.com
Dank aan: Alekksall, Starline, Pch.vector, Rawpixel.com, Vectorpocket, Dgim-studio, Upklyak, Macrovector, Stockgiu, Pikisuperstar & Freepik.com Designers

5 TIPS OM TE BEGINNEN!

1) HOE OP TE LOSSEN

De Puzzels zijn in een Klassiek Formaat:

- Woorden worden verborgen zonder pauzes (geen spaties, streepjes, ...)
- Oriëntatie: Voorwaarts & Achterwaarts, Boven & Beneden of in Diagonaal (kan in beide richtingen)
- Woorden kunnen elkaar overlappen of kruisen

2) ACTIEF LEREN

Naast elk woord is een spatie voorzien om de vertaling te noteren. Om actief te leren vindt u een **WOORDENBOEK** aan het einde van deze editie om uw kennis te controleren en uit te breiden. U kunt elke vertaling opzoeken en opschrijven, de woorden in de puzzel vinden en ze vervolgens aan uw woordenschat toevoegen!

3) TAG JE WOORDEN

Hebt u al geprobeerd een labelsysteem te gebruiken? U zou bijvoorbeeld de woorden die moeilijk te vinden waren kunnen markeren met een kruis, de woorden die u leuk vond met een ster, nieuwe woorden met een driehoek, zeldzame woorden met een ruit enzovoort...

4) ORGANISEER UW LEREN

Wij bieden ook een handig **NOTITIEBOEKJE** aan het eind van deze uitgave. Of u nu op vakantie, op reis of thuis bent, u kunt uw nieuwe kennis gemakkelijk ordenen zonder dat u een tweede notitieboek nodig hebt!

5) AFGESLOTEN?

Ga naar de bonussectie: **FINAAL UITDAGING** om een gratis spel te vinden dat aan het einde van deze editie wordt aangeboden!

Wil je meer leuke en leerzame activiteiten? Het is Snel en Eenvoudig!
Een hele collectie spelboeken slechts één klik verwijderd!

Vind uw volgende uitdaging bij:

BestActivityBooks.com/MijnVolgendeBoek

Klaar... Start!

Wist u dat er zo'n 7000 verschillende talen in de wereld zijn? Woorden zijn kostbaar.

We houden van talen en hebben hard gewerkt om de boeken van de hoogste kwaliteit voor u te maken. Onze ingrediënten?

Een selectie van onmisbare leerthema's, drie grote plakken plezier, dan voegen we er een lepel moeilijke woorden en een snuifje zeldzame woorden aan toe. We serveren ze met zorg en een maximum aan verrukking, zodat je de beste woordspelletjes kunt oplossen en veel plezier beleeft aan het leren!

Uw feedback is essentieel. U kunt een actieve bijdrage leveren aan het succes van dit boek door een recensie achter te laten. Vertel ons wat u het meest beviel in deze editie!

Hier is een korte link die u naar uw bestelpagina brengt:

BestBooksActivity.com/Recensies50

Bedankt voor uw hulp en veel plezier met het spel!

Linguas Classics

1 - Metingen

ค	ท	ถ	ศ	ผ	า	ท	เ	ว	น	◌ั	ต	เ	ผ	อ
ร	ว	ง	พ	ฝ	ข	ศ	ซ	ธ	◌้	ก	ว	ค	ถ	อ
ะ	◌้	า	ศ	ง	อ	น	น	ไ	◌ำ	ถ	า	ม	ต	น
ด	◌ิ	◌ั	ม	ข	ด	◌ิ	ต	า	ห	ธ	ย	ไ	ภ	ซ
◌ั	น	ว	ธ	ล	ภ	ย	◌ิ	ข	น	เ	ม	ต	ร	◌์
บ	ซ	ก	ห	ว	◌ึ	ม	เ	า	◌ั	ณ	า	◌ั	ฟ	ฝ
เ	ง	ม	ง	ม	ษ	ก	ม	ย	ก	ข	ว	ว	ร	ส
ส	ท	า	◌ู	ช	ห	ณ	ต	ญ	ล	ม	ค	ญ	ด	ก
◌ี	ห	ว	ส	ต	ถ	ณ	ร	ณ	ธ	ป	ย	◌์	ข	ร
ย	น	ค	ม	ไ	ด	ก	◌ิ	โ	ล	เ	ม	ต	ร	ส
ง	ผ	น	า	ท	◌ี	ร	ย	ป	ด	ห	ช	บ	ซ	จ
ถ	ห	ร	ว	ช	ล	น	ร	ห	า	ญ	ผ	ไ	ไ	น
ข	ด	ธ	ค	ฉ	อ	◌ิ	ก	ค	ร	ส	เ	ย	ะ	ล
ซ	ไ	น	ง	ศ	ห	ช	ต	ผ	ล	ธ	ห	ไ	ค	ฉ
ไ	ถ	ฟ	ศ	ค	ฟ	ง	ม	ร	◌ั	ก	ล	โ	◌ิ	ก

ความกว้าง
ไบต์
เซนติเมตร
ทศนิยม
ความลึก
น้ำหนัก
องศา
กรัม
ความสูง
นิ้ว
กิโลกรัม
กิโลเมตร
ความยาว
ลิตร
มวล
เมตร
นาที
ออนซ์
ตัน
ระดับเสียง

2 - Opwarming van de Aarde

ก	พ	ช	ณ	ร	ข	◌้	อ	ม	◌ู	ล	จ	อ	ก	ม
า	ต	ท	น	ะ	ป	ร	ะ	ช	า	ก	ร	น	ศ	น
ร	ค	ก	ม	ห	พ	ล	◌ั	ง	ง	า	น	า	อ	◌ุ
พ	อ	ฎ	ธ	ว	จ	ไ	น	ส	ม	า	ว	ค	ด	ษ
◌ั	◌ุ	ห	ญ	◌่	า	ห	บ	ไ	ภ	ผ	ท	ต	ษ	ย
ฒ	ณ	ม	พ	า	ม	ม	า	ต	◌่	◌ี	ท	ล	ผ	◌์
น	ห	า	ษ	ง	ภ	ท	ด	ล	◌ิ	แ	ก	◌๊	ส	ว
า	ภ	ย	ส	ป	ญ	◌ู	ญ	ช	ก	ฤ	ฉ	ด	ค	ร
ธ	◌ู	ต	ซ	ร	ค	ท	ม	ค	ผ	พ	ก	ภ	ณ	◌ุ
อ	ม	ญ	ษ	ะ	ะ	ฟ	แ	◌ิ	ว	ค	ง	◌ิ	ร	◌่
า	◌ิ	า	ไ	เ	◌้	◌ี	น	น	อ	ต	บ	ม	ว	น
ฟ	ณ	เ	ป	ท	ว	ห	ะ	เ	ล	า	บ	ฐ	◌ั	ร
ค	ธ	ฝ	ฝ	ศ	ว	า	น	จ	ธ	ค	ก	ข	อ	ท
อ	◌ุ	ต	ส	า	ห	ก	ร	ร	ม	ษ	ด	า	แ	ฟ
อ	า	ร	◌์	ก	ต	◌ิ	ก	ฝ	ไ	ด	ย	ไ	ศ	ผ

ความสนใจ
อาร์กติก
วิกฤติ
พลังงาน
แก๊ส
ข้อมูล
รุ่น
ผลที่ตามมา
อุตสาหกรรม
ระหว่างประเทศ
ภูมิอากาศ
มนุษย์
ตอนนี้
การพัฒนา
ประชากร
รัฐบาล
อุณหภูมิ
อนาคต
กฎหมาย

3 - Keuken

ค	อ	ต	ผ	◌้	า	ก	◌ั	น	เ	ป	◌ื	◌้	อ	น
ก	เ	า	◌ู	ข	ง	ค	ญ	จ	ก	◌ิ	น	ง	ย	ณ
ฝ	ด	ฝ	ห	◌้	ข	ข	ล	ช	า	บ	อ	า	ต	เ
ษ	ย	ไ	ภ	า	เ	ช	อ	า	ป	ย	◌้	◌่	ข	จ
ท	◌ั	พ	พ	◌ี	ร	ย	ฝ	ม	ด	◌ี	ช	ย	ส	า
ไ	ญ	ฝ	บ	ฝ	ก	ข	◌็	ฟ	ช	ก	ธ	ช	◌้	ต
ห	ฝ	ส	เ	แ	ะ	ก	◌ำ	น	◌็	เ	ส	ถ	อ	ถ
บ	พ	ข	ง	ห	แ	ธ	◌้	อ	เ	ะ	ด	ป	ม	ฟ
ว	ป	ง	ณ	ย	ย	ก	น	ผ	า	ต	ไ	ภ	น	ค
ข	ข	ผ	ห	ฟ	น	◌ื	ง	ร	◌้	ว	ถ	◌้	ว	ย
ร	อ	จ	ส	ด	บ	ไ	อ	ญ	ผ	ล	ค	ภ	ฝ	ด
ไ	ภ	ง	อ	◌ี	ซ	ษ	ฟ	ก	ศ	ฉ	แ	ร	ค	ไ
ก	า	ต	◌้	ม	น	◌้	◌ำ	า	ต	เ	แ	ช	เ	ฝ
ผ	ส	◌ู	ต	ร	อ	า	ห	า	ร	า	ป	แ	ท	ท
เ	ค	ร	◌ื	◌่	อ	ง	เ	ท	ศ	ผ	ท	ล	ด	พ

ถ้วย
ตะเกียบ
กิน
ย่าง
กาต้มน้ำ
ตู้เย็น
ชาม
เหยือก
ช้อน
มีด

เตาอบ
ทัพพี
สูตรอาหาร
ผ้ากันเปื้อน
ผ้าเช็ดปาก
เครื่องเทศ
ฟองน้ำ
อาหาร
ส้อม

4 - Boten

ต	ะ	ล	เ	ะ	ท	ห	ย	ผ	ก	ท	แ	ธ	ส	ต
ษ	ฟ	ข	ร	ง	ล	ไ	ค	ข	ะ	◌ุ	ก	แ	ญ	ม
ม	เ	ง	◌ี	ม	จ	ส	ส	ฝ	ล	◌่	น	ม	ส	ห
ผ	ฟ	ธ	อ	เ	ห	ซ	แ	ด	า	น	แ	◌่	ป	ษ
จ	ต	ก	ช	ท	ร	า	ญ	พ	ส	◌่	ค	น	ท	ผ
เ	ส	า	◌ู	◌่	ค	◌ี	ส	บ	◌ี	◌ี	น	◌้	ะ	ฉ
อ	ฉ	ฟ	ช	า	า	ธ	อ	ม	ไ	ล	◌ู	◌ำ	เ	ก
ภ	ณ	ม	◌ี	เ	ย	ด	ร	ย	◌ุ	ค	ส	ร	ล	ณ
น	ง	า	พ	ร	◌ั	ถ	◌ี	ญ	อ	ท	ค	เ	ส	ฟ
ด	ก	ข	ส	◌ี	ค	จ	เ	ก	ข	ช	ร	ห	า	ด
ศ	ล	◌้	ส	อ	ย	ธ	ก	ล	อ	ฝ	ท	ไ	บ	ป
ส	ณ	อ	ฝ	ด	ข	า	◌ู	เ	ษ	ร	ณ	◌์	ส	ถ
ไ	ญ	◌ี	ง	แ	จ	บ	ล	ต	เ	ช	◌ี	อ	ก	น
ฉ	ท	ร	เ	ค	ร	◌ี	◌่	อ	ง	ย	น	ต	◌์	ย
ฝ	เ	เ	เ	ร	◌ี	อ	ไ	บ	ถ	ง	ฉ	ส	ม	อ

สมอ
ลูกเรือ
ทุ่น
ท่าเรือ
คลื่น
เรือยอชท์
คายัค
แคนู
เสา
กะลาสี
ทะเลสาบ
เครื่องยนต์
มหาสมุทร
เรือชชีพ
แม่น้ำ
เชือก
เรือข้ามฟาก
แพ
ทะเล
เรือใบ

5 - Chocolade

ศ	ศ	ษ	ห	ว	า	น	ญ	ต	ก	ร	โ	ค	ท	พ
ก	พ	ก	ญ	ค	ธ	ช	ภ	ร	ค	อ	ก	◌ุ	◌ี	ญ
แ	ร	พ	บ	ม	ส	ผ	น	ว	◌่	ส	โ	ณ	◌่	ร
ม	ะ	พ	ร	◌้	า	ว	◌้	ต	ฝ	ร	ก	ภ	ช	แ
ล	ศ	ย	ง	ญ	น	ว	◌ำ	ก	◌ิ	น	◌้	า	◌ี	แ
แ	ค	ล	อ	ร	◌ี	◌่	ต	ร	ข	ท	แ	พ	◌่	ช
ห	ถ	ล	ค	ป	พ	◌ั	า	ส	ม	ข	ป	ค	น	◌่
ร	ง	◌ู	า	ถ	ญ	ถ	ล	ม	ย	ฉ	ล	า	ช	า
น	ญ	ก	ค	ท	ฝ	บ	จ	ช	ธ	ด	ก	ร	อ	ง
ธ	ไ	อ	ย	พ	า	ศ	ผ	ซ	ผ	ด	ไ	า	บ	ฝ
ผ	ง	ม	อ	ห	น	◌่	◌ิ	ล	ก	ง	ห	เ	ม	◌ี
ไ	ง	ษ	◌่	ส	ไ	ย	ไ	ะ	ช	ต	ม	ม	ธ	ม
ส	◌ู	ต	ร	อ	า	ห	า	ร	ข	ว	◌่	ล	ม	◌ี
ด	จ	ท	อ	ธ	ศ	ต	แ	ย	ส	ป	แ	ฉ	ฟ	อ
ะ	ไ	อ	เ	ล	ศ	ะ	บ	บ	ล	ธ	ะ	ค	ว	ร

กลิ่นหอม
ช่างฝีมือ
ขม
โกโก้
แคลอรี่
กิน
แปลกใหม่
ที่ชื่นชอบ
อร่อย
ส่วนผสม
คาราเมล
มะพร้าว
คุณภาพ
ถั่ว
ผง
สูตรอาหาร
รส
ลูกอม
น้ำตาล
หวาน

6 - Gezondheid en Welzijn #2

น	ร	เ	ก	ท	ช	เ	ห	น	พ	น	แ	พ	โ	พ
ม	◌้	ข	ษ	า	ง	ม	ล	า	ย	ว	ภ	ร	ร	◌ั
◌ิ	ไ	◌ำ	อ	ซ	ร	ญ	จ	◌ี	เ	ด	◌ู	◌่	ค	น
า	โ	ส	ห	น	แ	ต	แ	า	อ	ว	ม	า	ม	ธ
ต	ร	◌ุ	ก	น	ซ	ร	◌ิ	ฝ	ล	ด	◌ิ	ง	ม	◌ุ
◌ิ	ง	ข	า	ก	◌ั	า	ฟ	ด	ก	ญ	แ	ก	ฉ	ศ
ว	พ	อ	ร	า	ท	ก	ข	ซ	เ	พ	พ	า	ธ	า
ย	ย	น	ก	ร	ร	า	ห	า	อ	ช	◌้	ย	◌่	ส
ฉ	า	า	◌ู	ย	ก	น	ะ	ล	ซ	ก	◌ี	ง	◌ี	ต
ห	บ	ม	◌้	◌่	ฉ	ช	ณ	ก	ผ	ก	ผ	◌้	ร	ร
บ	า	◌ั	ค	อ	ะ	ภ	ห	ห	ณ	ษ	ผ	ธ	อ	◌์
น	ล	ย	◌ี	ย	จ	โ	ช	ข	ช	เ	ฟ	ม	ล	ภ
ด	ซ	น	น	พ	ล	◌ั	ง	ง	า	น	ป	เ	ค	ข
บ	ก	ว	ฉ	า	ท	ท	ง	ร	แ	ง	◌็	ข	แ	ร
ม	ค	ว	า	ม	เ	ค	ร	◌ี	ย	ด	ธ	เ	ป	ด

ภูมิแพ้
เลือด
แคลอรี่
อาหาร
พลังงาน
พันธุศาสตร์
น้ำหนัก
แข็งแรง
การกู้คืน
สุขอนามัย

การติดเชื้อ
แรง
ร่างกาย
นวด
การย่อย
ความเครียด
วิตามิน
โภชนาการ
โรงพยาบาล
โรค

7 - Tijd

ก	ภ	ต	ช	า	ต	ไ	ส	บ	พ	ข	ศ	า	ไ	น
ไ	ล	ค	ท	ภ	ฝ	เ	ภ	เ	ร	ศ	ว	เ	ธ	แ
ป	ะ	า	ท	ศ	ว	ร	ร	ษ	ุ	ภ	จ	ษ	ธ	ถ
ม	บ	น	ง	เ	ง	ม	โ	ว	่	ั	ช	ภ	ด	ไ
ภ	ณ	อ	ป	ค	ด	ถ	อ	ด	ง	ย	่	ี	ท	เ
เ	น	ข	ซ	ส	ี	ี	แ	ป	น	ท	ิ	ิ	ฏ	ป
น	า	ฬ	ิ	ก	า	น	อ	ี	ี	ง	ผ	ต	ป	ห
า	้	บ	ร	ภ	ส	ส	ี	น	้	ฝ	ต	อ	ร	ล
ว	ช	ไ	ป	า	ั	ษ	ช	้	ด	ษ	ษ	น	ะ	ั
อ	เ	ว	ั	น	ป	ศ	ด	ท	น	ไ	ร	น	จ	ง
่	ณ	ษ	ม	ผ	ด	น	ส	พ	ร	ั	ร	ี	ำ	จ
ื	ช	ธ	ด	ถ	า	ณ	ฝ	ข	ช	ร	ว	้	ป	า
ม	า	ว	ส	า	ห	น	า	ท	ี	น	ต	ซ	ี	ก
เ	ผ	ท	ด	ศ	์	ษ	พ	ญ	ฟ	ย	ศ	ร	ด	ข
อ	แ	ธ	ต	ถ	ธ	ศ	ว	ท	ป	ถ	อ	ท	ฝ	ไ

วัน
ทศวรรษ
ศตวรรษ
เมื่อวาน
ปี
ประจำปี
ปฏิทิน
นาฬิกา
เดือน
เที่ยง

นาที
พรุ่งนี้
หลังจาก
กลางคืน
ตอนนี้
เช้า
อนาคต
ชั่วโมง
วันนี้
สัปดาห์

8 - Meditatie

ค	ก	ะ	ว	ค	ง	บ	ค	ะ	ว	ค	ผ	ผ	ป	ธ
ค	ว	า	ร	ฉ	ล	พ	ไ	ว	ด	ฉ	ฉ	ง	ฉ	ฉ
ว	ญ	า	ร	ฉ	ข	◌ุ	ส	ม	า	ว	ค	ง	ไ	ซ
า	ต	ธ	ม	ส	บ	ย	◌ี	ง	เ	ม	า	ว	ค	ฟ
ม	◌ี	ถ	อ	ช	◌ั	ง	ด	ด	ย	ธ	ส	ศ	ท	า
ก	◌่	ม	ภ	เ	◌ั	ง	ว	ฝ	◌ี	ร	ต	น	ด	ษ
ต	น	ช	ฝ	ถ	อ	ด	เ	แ	ท	ร	ล	ษ	ไ	บ
◌ั	พ	ห	ค	ญ	ภ	ซ	เ	ก	น	ม	ข	ซ	ซ	จ
ญ	า	ท	ว	ค	ฉ	ค	ช	จ	ต	ช	ะ	ศ	เ	ไ
ญ	ภ	◌่	า	อ	ะ	ซ	ศ	ต	น	า	ฟ	จ	า	ย
◌ู	ต	า	ม	า	ธ	ล	ไ	ป	จ	ต	ฉ	◌ิ	ธ	า
ฉ	◌ิ	ท	ค	ร	ฉ	อ	ง	ถ	ส	◌ิ	ผ	ต	ะ	ห
ห	น	า	◌ิ	ม	ค	ว	า	ม	เ	ม	ต	ต	า	ร
ป	◌ั	ง	ด	ณ	ก	า	ร	ย	อ	ม	ร	◌ั	บ	า
ค	ส	ง	บ	◌์	ม	◌ุ	ม	ม	อ	ง	บ	ไ	ล	ก

ความสนใจ
การยอมรับ
การหายใจ
ความกตัญญู
อารมณ์
ความคิด
ความสุข
ความชัดเจน
ท่าทาง
สงบ
จิต
ดนตรี
ธรรมชาติ
การสังเกต
มุมมอง
ความเงียบ
สันติภาพ
ความเมตตา
ตื่น

9 - Muziek

จ	ณ	ส	ข	บ	ม	ท	ธ	ข	ถ	า	ไ	ฉ	น	ต
ก	ท	◌ื	น	◌ั	บ	ร	า	ก	ว	ร	บ	ต	◌ั	ธ
อ	ถ	น	ต	ล	ค	◌ั	ร	◌ิ	◌ี	ล	ณ	ร	ก	ไ
ค	◌ั	ง	อ	ล	ค	ล	า	ส	ส	◌ิ	ก	า	ด	ม
ว	เ	ล	บ	า	ง	น	ด	◌่	พ	ร	ฝ	ส	น	โ
า	ป	พ	บ	ด	อ	า	ว	น	ร	ห	ค	า	ต	ค
ม	◌็	เ	ท	◌ั	ร	ส	บ	ง	ต	ป	ด	ร	ร	ร
ส	น	ง	ม	จ	◌้	ผ	ท	ป	จ	ร	เ	า	◌ี	โ
า	จ	อ	ย	◌ั	ก	ม	า	จ	ง	ผ	◌ี	อ	ล	ฟ
ม	◌ั	◌้	ช	ง	◌ั	ส	ท	◌ำ	น	อ	ง	ฝ	โ	น
◌ั	ง	ร	ห	ห	น	ผ	ศ	โ	อ	◌๊	ะ	โ	อ	◌่
ค	ห	ซ	◌ี	ว	ก	ท	บ	อ	า	แ	ญ	ต	พ	ด
ค	ว	ง	ช	ะ	ท	ะ	ณ	จ	ล	ค	ไ	ด	ง	อ
◌ี	ะ	ร	ฉ	ผ	บ	ธ	ก	ล	ษ	พ	ล	ฟ	ษ	อ
ม	บ	ฟ	ป	ภ	า	ซ	ต	ะ	ธ	เ	ฟ	ฟ	ฝ	ก

อัลบั้ม
บัลลาด
ผสมผสาน
ความสามัคคี
โอ๊ะโอ่
ตราสาร
คลาสสิก
ลีริคัล
ทำนอง
ไมโครโฟน
ดนตรี
นักดนตรี
โอเปร่า
การบันทึก
บทกวี
จังหวะ
เป็นจังหวะ
นักร้อง
ร้องเพลง

10 - Vogels

เ	น	ไ	ก	◌่	ณ	ภ	ภ	ผ	น	ค	แ	◌ู	ท	ด
พ	พ	น	ก	ก	ร	ะ	ท	◌ุ	ง	ก	◌ู	ฮ	ก	น
ะ	พ	น	น	า	ง	น	ว	ล	ฉ	โ	แ	ห	ห	ท
ด	พ	ช	ก	ป	ก	ท	ผ	ซ	ไ	ง	ซ	ก	ข	า
ภ	ท	ว	ญ	ว	ด	ป	ข	ว	ษ	◌ิ	อ	ม	◌้	◌่
ก	ร	ะ	ส	า	◌ิ	ษ	ค	ษ	ง	ม	อ	ะ	ห	ว
น	ก	ย	◌ู	ง	ษ	น	ไ	ค	ฉ	า	ฉ	ล	เ	ห
ณ	น	บ	ซ	ข	ณ	ฟ	ก	ษ	ผ	ล	แ	ธ	ป	เ
ซ	ป	บ	ไ	ข	◌่	แ	อ	ส	อ	ฟ	ท	ง	◌็	า
ม	ย	น	ก	ก	ร	ะ	จ	อ	ก	เ	ท	ศ	ด	ก
ญ	ผ	ต	ฟ	อ	แ	ณ	ะ	น	ะ	ล	ศ	ษ	ไ	ก
ค	ธ	ล	◌์	ท	◌ี	า	ร	ธ	ฟ	ไ	ฝ	จ	ก	น
ษ	ห	า	ส	ะ	ร	ก	ก	น	ป	จ	ช	า	ข	ด
ด	ะ	ะ	ง	จ	ย	บ	า	ร	◌ิ	พ	ก	น	ฝ	ท
ศ	ธ	ว	ห	ห	◌่	า	น	ธ	อ	ผ	ซ	ด	จ	บ

นกพิราบ
เป็ด
ไข่
ฟลามิงโก
ห่าน
ไก่
นกกาเหว่า
อีกา
นางนวล
กระจอก
นกกระสา
นกแก้ว
นกยูง
นกกระทุง
เพนกวิน
กระสา
นกกระจอกเทศ
ทูแคน
นกฮูก
หงส์

11 - Universum

า	ซ	ี	ก	โ	ล	ก	ง	แ	ผ	ฟ	า	ฉ	แ	ข
ห	ก	บ	ณ	จ	์	ร	ต	ส	า	ศ	า	ร	า	ด
เ	ศ	ม	ฟ	ใ	ก	ณ	ฟ	ง	ว	แ	น	้	ส	เ
เ	ส	ต	ไ	น	ฝ	ซ	ฟ	อ	า	ต	ะ	ช	ญ	ม
ล	ร	้	ศ	แ	ฝ	ศ	ี	า	ร	ร	ก	ั	จ	อ
ษ	พ	ข	น	ไ	ม	ช	ห	ท	จ	ล	ก	บ	ษ	ง
ท	ว	ธ	ว	ศ	ด	บ	ช	ิ	ค	ะ	า	ร	เ	เ
อ	้	จ	บ	ษ	ู	ะ	ล	ต	โ	ต	แ	ร	อ	ห
า	ช	อ	อ	ศ	ง	น	ส	ย	ง	ิ	ล	ย	ี	็
ย	จ	ร	ง	ไ	ั	แ	ย	์	ว	จ	ก	า	ย	น
ั	ป	ป	ฟ	ฟ	ฟ	ใ	ธ	์	ธ	ู	ซ	ก	ง	ไ
น	ธ	ส	ฟ	ล	้	ศ	ห	ค	ส	ด	ี	า	ย	ด
ญ	ไ	ด	ี	ม	ม	า	ว	ค	ช	ู	่	ศ	ซ	้
ด	ว	ง	จ	ั	น	ท	ร	์	ฝ	ข	ต	ถ	ษ	แ
ค	ย	ด	ข	อ	บ	ฟ	้	า	ถ	ษ	ณ	ร	า	ภ

ดาราศาสตร์
บรรยากาศ
วงโคจร
ละติจูด
จักรราศี
ความมืด
เส้นศูนย์สูตร
ซีกโลก
ท้องฟ้า
ขอบฟ้า
เอียง
ฟังดู
เส้นแวง
ดวงจันทร์
กาแลกซี่
มองเห็นได้
แสงอาทิตย์
อายัน

12 - Gezondheid en Welzijn #1

บ	ฉ	ท	ค	ว	า	ม	ส	◌ุ	ง	ย	เ	ธ	ส	ก
ง	า	ส	ผ	ง	ร	◌้	า	น	ข	า	ย	ย	า	า
ค	แ	ด	ไ	อ	น	◌ี	◌้	เ	ม	า	◌้	ล	ก	ร
ต	ล	แ	เ	ย	ว	◌ิ	ห	ม	า	ว	ค	ร	ส	บ
ไ	ส	◌ิ	ฟ	จ	บ	ก	ส	ศ	ล	บ	ฟ	ไ	ะ	◌ำ
ซ	ข	ผ	น	ณ	◌็	ช	◌ั	◌ั	อ	ถ	ข	ะ	ท	บ
ซ	ต	◌่	จ	◌ิ	ย	บ	ร	ท	ย	ท	เ	ซ	◌้	◌ั
ป	ษ	อ	ป	ะ	ก	ข	ว	◌ิ	ผ	ป	ธ	ส	อ	ด
พ	ไ	น	ก	ห	ษ	ว	ไ	ม	ไ	ศ	แ	ฮ	น	ซ
ย	า	ค	แ	บ	ค	ท	◌ี	เ	ร	◌ี	ย	อ	ม	ห
ด	ไ	ล	แ	ต	ก	ห	◌ั	ก	ฉ	ไ	ข	ร	จ	ภ
ไ	ป	า	ษ	ก	◌ั	ร	ร	า	ก	ก	ห	◌์	จ	อ
ว	ษ	ย	ซ	ย	ถ	จ	อ	ร	ไ	ท	ง	โ	ฟ	ถ
เ	ส	◌้	น	ป	ร	ะ	ส	า	ท	ถ	จ	ม	ษ	อ
ค	ล	◌่	อ	ง	แ	ค	ล	◌่	ว	ง	ง	น	ฝ	เ

คล่องแคล่ว
ร้านขายยา
แบคทีเรีย
การรักษา
แตกหัก
หมอ
นิสัย
ความหิว
ความสูง
ฮอร์โมน
ผิว
คลินิก
บาดเจ็บ
ยา
ผ่อนคลาย
สะท้อน
กล้ามเนื้อ
การบำบัด
ไวรัส
เส้นประสาท

13 - Camping

เ	ก	ล	◌่	า	ส	◌ั	ต	ว	◌์	ด	ร	ร	ธ	เ
บ	ว	ฉ	แ	ม	ล	ง	เ	ข	◌็	ม	ท	◌ิ	ศ	ร
ด	ศ	ว	ม	ธ	บ	า	ส	ล	เ	ะ	ท	ต	ธ	◌ี
ค	ว	ะ	ส	ห	ม	◌้	ไ	น	◌้	ต	ห	า	ธ	◌่
ฝ	◌์	ง	น	ผ	บ	ห	ป	◌่	า	ย	ถ	ช	แ	อ
ผ	ต	า	จ	เ	ป	ล	ญ	ว	น	แ	ต	ม	ค	ง
า	◌ั	ฉ	ย	◌ั	ภ	ญ	จ	ผ	ร	า	ก	ร	น	ร
ข	ส	ร	ก	ม	น	ธ	ฉ	ศ	ป	ซ	น	ร	◌ู	า
เ	ธ	พ	ห	เ	ถ	ท	◌์	น	◌็	ต	เ	ธ	ไ้	ว
◌ู	ช	ษ	ศ	จ	ว	า	ร	ฉ	ท	ว	บ	ไ	ณ	ฝ
ภ	น	◌ี	ณ	ส	ส	น	ท	◌์	ศ	ท	ข	ต	ร	ญ
ก	า	ล	อ	ฝ	ผ	ด	ก	พ	อ	ส	ค	ช	ป	ด
ะ	ช	ไ	ต	ก	ว	ม	ห	แ	ผ	น	ท	◌ี	◌่	ถ
น	ข	จ	ถ	ท	ด	ษ	ธ	ข	า	ว	ผ	ป	ด	ส
จ	ซ	ฉ	ไ	บ	ช	บ	ญ	ย	ฟ	ะ	ภ	น	ย	ด

การผจญภัย
ภูเขา
ต้นไม้
ป่า
ไฟ
ห้าง
สัตว์
เปลญวน
หมวก
แมลง
ล่าสัตว์
แผนที่
แคนู
เข็มทิศ
ดวงจันทร์
ทะเลสาบ
ธรรมชาติ
เต็นท์
เชือก
เรื่องราว

14 - Algebra

อ	ต	◌ั	ว	แ	ป	ร	ม	ส	า	ด	ค	น	ว	ก
ก	น	ว	◌่	ส	ษ	ศ	เ	า	ก	ร	า	ฟ	ง	ป
ณ	า	◌ั	ถ	บ	เ	ะ	บ	ร	ฟ	ศ	ห	ซ	เ	◌ั
ะ	ป	ร	น	ย	พ	แ	ฉ	ล	ธ	ท	ญ	ท	ล	จ
จ	ค	ต	ล	ต	ซ	ผ	ด	ะ	ะ	◌ำ	◌ั	ษ	◌็	จ
◌็	ม	◌ู	ท	บ	◌์	น	ฉ	ล	พ	ท	ป	ฉ	บ	◌ั
ท	ค	ส	ฉ	ค	ก	ภ	ณ	า	ม	◌ิ	ร	ป	ด	ย
เ	ซ	ฉ	ถ	น	◌ิ	า	ษ	ย	ท	ศ	า	จ	ไ	ศ
ข	ช	ณ	จ	ไ	ร	พ	ก	ช	ว	ฉ	ก	ฉ	ป	◌ู
ภ	ร	◌ิ	แ	ก	ต	อ	ไ	ญ	ว	ผ	ม	ม	ะ	น
ญ	ว	ถ	ง	ณ	ม	า	ถ	ข	า	ก	ส	ล	ค	ย
ไ	ม	ร	แ	เ	เ	แ	ซ	ฟ	จ	ฉ	ไ	ฟ	ห	◌์
ธ	า	ผ	ว	ไ	ส	เ	ข	จ	ล	ซ	บ	น	า	พ
ห	ก	ะ	ห	ส	ไ	◌้	ส	ข	ษ	ย	ถ	ธ	ญ	แ
บ	ฉ	ย	ช	า	ฟ	ญ	น	ท	แ	ว	◌ั	ต	ฝ	ซ

การลบ
แผนภาพ
ตัวแทน
ปัจจัย
สูตร
เศษส่วน
กราฟ
วงเล็บ
ปริมาณ
เชิงเส้น
เมตริกซ์
ศูนย์
อนันต์
สารละลาย
ปัญหา
รวม
เท็จ
ตัวแปร
ทำ
สมการ

15 - Activiteiten

ด	ซ	ณ	ษ	ช	ก	เ	ไ	ฝ	ถ	ล	ป	จ	ม	ข
บ	ฉ	ต	ธ	ท	ห	ณ	พ	ด	◌ั	ส	แ	ห	า	ห
เ	ร	ง	ณ	ย	◌ิ	น	ด	◌ี	ก	พ	ร	พ	ย	ต
ะ	ก	า	ร	ถ	◌่	า	ย	ภ	า	พ	บ	ม	า	ล
ษ	ล	ร	ญ	ถ	ห	ณ	ค	ผ	ถ	แ	ย	ฉ	ก	ง
ก	ผ	ป	ญ	ด	ถ	ค	ภ	า	พ	ว	า	ด	ล	า
◌ั	า	เ	ซ	ร	า	ม	◌ิ	ก	เ	ก	ล	ม	ก	น
ท	ล	ร	ศ	ษ	ฟ	ะ	ฉ	ล	ว	ฟ	ค	ร	ป	ฝ
พ	ป	ศ	ท	◌ิ	บ	แ	ล	◌่	ล	แ	น	ร	ธ	◌ี
ฟ	ก	จ	ย	◌ำ	ล	ศ	จ	า	า	ล	อ	ก	ผ	ม
บ	ต	อ	ต	ศ	ส	ป	ช	ส	ว	ฝ	◌่	จ	อ	◌ี
ป	ร	◌ิ	ศ	น	า	ว	ะ	◌ั	◌่	จ	ผ	◌ิ	จ	อ
ก	า	ร	เ	ย	◌็	บ	น	ต	า	ธ	เ	ก	ม	ส
ก	า	ร	อ	◌่	า	น	ข	ว	ง	ศ	บ	ฝ	ถ	ย
ง	แ	ต	น	ไ	ต	ถ	ง	◌์	ก	ญ	ญ	แ	น	า

กิจกรรม
งานฝีมือ
ถัก
การถ่ายภาพ
เกม
ตกปลา
ล่าสัตว์
เซรามิก
ศิลปะ
การอ่าน
มายากล
การเย็บ
ผ่อนคลาย
ยินดี
ปริศนา
ภาพวาด
การทำสวน
ทักษะ
เวลาว่าง

16 - Diplomatie

ข	ส	ผ	ร	ไ	จ	ร	ธ	ฝ	ณ	บ	ป	ฝ	ก	ก
ต	า	ถ	พ	พ	ร	◌ั	ฉ	ม	ณ	ผ	ย	ง	ถ	า
ท	ร	ห	ล	ถ	◌ิ	ฐ	เ	ร	ห	ษ	อ	อ	ฉ	ร
◌ู	ล	ไ	เ	ซ	ย	บ	ร	ร	ช	จ	ศ	ณ	ะ	เ
ช	ะ	ฝ	ม	ต	ธ	า	แ	ธ	พ	◌ุ	ฟ	ช	ต	ม
า	ล	แ	◌ื	ข	ร	ล	ถ	ต	ไ	อ	ม	น	◌ู	◌ื
ร	า	ธ	อ	ม	ร	ว	ธ	◌ิ	อ	ก	ไ	ช	ท	อ
ร	ย	ฝ	ง	ป	ม	ฝ	บ	◌ุ	น	ว	ภ	ท	น	ง
ค	ว	า	ม	ข	◌ั	ด	แ	ย	◌้	ง	ม	ว	า	า
◌ั	ภ	า	ษ	า	ม	า	ภ	ม	ภ	ไ	ถ	ข	ถ	◌่
อ	ม	◌ื	ม	ว	◌่	ร	ม	า	ว	ค	ถ	ห	ส	ย
ก	ล	บ	ช	ร	ภ	ศ	ต	ว	ร	ล	ะ	อ	า	อ
อ	บ	จ	ช	ย	ภ	ธ	ด	ค	ช	ค	ง	ศ	จ	จ
เ	ค	ว	า	ม	ซ	◌ื	◌่	อ	ส	◌ั	ต	ย	◌์	ส
น	ม	น	◌ุ	ษ	ย	ธ	ร	ร	ม	ผ	ด	แ	ข	ธ

สถานทูต
เอกอัครราชทูต
พลเมือง
ความขัดแย้ง
อย่าง
จริยธรรม
ชุมชน
ความยุติธรรม
มนุษยธรรม
ความซื่อสัตย์
สารละลาย
การเมือง
รัฐบาล
ความร่วมมือ
ภาษา

17 - Astronomie

ห	อ	ด	◌ู	ด	า	ว	ถ	น	อ	ช	ฉ	ษ	ษ	พ
แ	ร	ง	โ	น	◌้	ม	ถ	◌่	ว	ง	ไ	ฟ	ผ	ง
ร	◌ั	ง	ส	◌ี	ค	เ	ท	ธ	า	เ	ช	เ	ฝ	ว
ร	◌์	ต	ส	า	ศ	า	ร	า	ด	ก	◌ั	น	ฝ	◌ิ
น	ค	ว	ญ	ถ	◌ี	ข	ณ	ไ	ร	ล	เ	บ	จ	ษ
◌ั	จ	ร	ศ	ย	า	ไ	ร	ไ	ฝ	โ	ร	◌ิ	ณ	◌ุ
ก	ม	ร	า	ภ	ร	◌์	ท	น	◌ั	จ	ง	ว	ด	ว
บ	ย	ก	ว	ส	ร	ห	ต	แ	ค	ศ	ร	ล	า	◌ั
◌ิ	◌ี	จ	ธ	ด	ก	ซ	ง	ด	ไ	ไ	ด	า	ว	ต
น	ท	แ	บ	ร	◌ั	ล	ษ	ฝ	า	ณ	ญ	ผ	ห	ต
อ	เ	ช	ต	แ	จ	อ	ม	ด	ค	ว	า	ด	า	ญ
ว	ว	อ	ถ	ช	ล	ญ	ศ	ะ	ป	ท	ต	ฉ	ง	ฉ
ก	า	ช	ก	ว	ว	า	ด	ม	◌่	◌ุ	ล	ก	ช	ญ
า	ด	า	ว	เ	ค	ร	า	ะ	ห	◌์	ษ	ฝ	ส	ณ
ศ	จ	◌ั	ก	ร	ว	า	ล	ท	◌้	อ	ง	ฟ	◌้	า

โลก
นักบินอวกาศ
นักดาราศาสตร์
จักรราศี
วิษุวัต
ท้องฟ้า
ดาวหาง
ดวงจันทร์
ดาวตก
เนบิวลา
หอดูดาว
ดาวเคราะห์
จรวด
ดาวเทียม
ดาว
กลุ่มดาว
รังสี
จักรวาล
คราส
แรงโน้มถ่วง

18 - Emoties

พ	อ	ข	ซ	น	ไ	น	ถ	จ	ฝ	บ	ค	แ	ไ	ผ
ผ	ไ	ช	ภ	ธ	ช	ว	ไ	ม	ธ	บ	ว	ผ	ภ	◌่
ป	ม	ไ	ย	อ	จ	ย	ท	แ	น	ง	า	◌่	พ	อ
ง	ม	ก	ต	◌ั	ญ	ญ	◌ู	ภ	ซ	ส	ม	ว	ะ	น
า	ท	เ	ร	ร	บ	ร	า	ก	ฝ	ม	เ	ๆ	ส	ค
ฝ	ห	ค	ว	า	ม	เ	ศ	ร	◌้	า	ม	ว	ง	ล
เ	ซ	อ	ร	◌์	ไ	พ	ร	ส	◌์	ว	ต	จ	บ	า
อ	ไ	ซ	◌้	พ	อ	ไ	จ	ด	ซ	ค	ต	ย	อ	ย
ก	ล	◌ั	ว	◌ี	ญ	ธ	ร	ก	โ	ม	า	ว	ค	ย
อ	บ	บ	เ	ล	น	ต	◌้	เ	น	◌่	◌ื	ต	ซ	น
พ	ผ	อ	บ	ป	บ	เ	ส	◌ั	น	ต	◌ิ	ภ	า	พ
า	ณ	ไ	◌ี	ท	ฉ	ภ	ไ	ร	ล	บ	ธ	ษ	จ	ป
เ	ย	พ	◌่	ม	ญ	ศ	ฝ	ก	ท	ด	ไ	ผ	ษ	ร
ล	ไ	ล	อ	น	ร	จ	จ	ศ	ร	◌ั	ก	ณ	ญ	ด
ภ	แ	ง	ซ	ป	ล	ห	ด	ง	ก	ผ	ก	ภ	ท	ษ

กลัว
กตัญญู
ความเศร้า
เนื้อหา
สงบ
รัก
ผ่อนคลาย
ตื่นเต้น
การบรรเทา
ความสงบ
แผ่วๆ
พอใจ
เซอร์ไพรส์
เบื่อ
สันติภาพ
จอย
ความเมตตา
ความโกรธ

19 - Vakantie #2

เ	ณ	ช	า	ว	ต	◌่	า	ง	ช	า	ต	◌ิ	ก	ภ
พ	ว	ฝ	บ	ะ	ก	ต	า	น	ฉ	ข	ร	บ	า	◌ู
แ	ข	ล	ท	แ	ม	ล	ภ	ภ	ณ	ภ	ส	ร	ร	เ
น	ผ	เ	า	ผ	ช	บ	พ	ณ	เ	ว	ซ	ศ	เ	ข
ป	ง	ะ	ไ	ว	พ	า	ข	ท	ห	◌ี	ะ	แ	ด	า
ก	ล	ท	ช	ด	◌่	ภ	ย	ซ	ต	ซ	น	เ	◌ิ	ถ
ฉ	เ	า	ร	จ	ป	า	จ	ห	◌ิ	◌่	โ	ต	น	ก
ง	จ	ไ	ย	ด	ว	ฝ	ง	ผ	า	า	ร	◌็	ท	ข
◌่	พ	ร	ณ	ท	ฝ	ฟ	ฝ	จ	ช	ด	ง	น	า	แ
ส	ณ	ถ	ธ	ฟ	า	ถ	พ	อ	ง	ย	แ	ท	ง	ท
น	ต	ไ	ไ	ว	ญ	ง	ฟ	ง	า	◌ุ	ร	◌์	ะ	◌็
ข	ต	ฟ	แ	ผ	น	ท	◌ี	◌่	◌่	ห	ม	ร	ต	ก
ร	◌้	า	น	อ	า	ห	า	ร	ต	น	ค	ช	ต	ซ
า	ไ	ส	น	า	ม	บ	◌ิ	น	ป	◌ั	ร	ล	ป	◌ี
ก	เ	ก	า	ะ	ว	ะ	ไ	ห	พ	ว	ร	ถ	ล	◌่

ภูเขา
ปลายทาง
ชาวต่างชาติ
ต่างชาติ
เกาะ
โรงแรม
แผนที่
สนามบิน
การเดินทาง
จอง
ร้านอาหาร
ชายหาด
แท็กซี่
เต็นท์
รถไฟ
วันหยุด
การขนส่ง
วีซ่า
เวลาว่าง
ทะเล

20 - Weersomstandigheden

น	พ	บ	ร	ร	ย	า	ก	า	ศ	ษ	ส	ล	อ	ภ
◌้	า	ส	ภ	า	พ	อ	า	ก	า	ศ	า	ม	ด	ไ
◌ำ	ย	ฟ	ต	ย	ศ	ล	ร	ฝ	ผ	ะ	ย	บ	ส	น
แ	◌ุ	◌้	ร	แ	จ	ธ	ไ	ผ	จ	บ	ร	ย	ส	ร
ข	เ	า	ด	โ	า	น	ร	◌์	อ	ท	◌ุ	ย	า	พ
◌็	ฮ	ผ	อ	ฟ	ฟ	ม	ฝ	ถ	ม	ณ	◌้	ฟ	พ	ษ
ง	อ	◌่	ส	ห	า	ย	แ	ล	◌้	ง	ง	◌้	า	ะ
ย	ร	า	ล	ฝ	ม	ว	ท	◌่	◌ำ	◌้	น	า	ย	ท
ว	◌ิ	ช	◌ี	◌้	น	อ	◌้	ร	ต	ข	เ	ร	◌ุ	◌้
ค	เ	จ	ซ	ณ	ณ	พ	ก	พ	โ	พ	ธ	◌้	ร	อ
ล	ค	อ	◌ุ	ณ	ห	ภ	◌ู	ม	◌ิ	พ	พ	อ	ซ	ง
า	น	จ	ฝ	ญ	ร	ล	อ	◌ุ	า	ถ	ล	ง	ถ	ฟ
ว	ห	ธ	แ	ผ	ะ	บ	ช	ส	ฟ	ว	า	า	ศ	◌้
ด	ส	ศ	ข	ด	ล	ข	แ	ร	ด	ป	ค	ม	ร	า
◌์	า	ญ	ไ	ญ	ท	ถ	ง	ม	ซ	ท	อ	ะ	บ	◌์

บรรยากาศ
ฟ้าผ่า
ฟ้าร้อง
แล้ง
ท้องฟ้า
น้ำแข็ง
สภาพอากาศ
หมอก
มรสุม
พายุเฮอริเคน
น้ำท่วม
โพลาร์
สายรุ้ง
พายุ
อุณหภูมิ
พายุทอร์นาโด
เขตร้อน
ชื้น
ลม
คลาวด์

21 - Eten #2

ไ	ล	ภ	ไ	ส	ว	ไ	ส	ช	◌ี	ส	พ	ก	บ	ฉ
◌ี	ล	ค	โ	ก	อ	ร	บ	◌ั	ห	ห	◌ี	◌ี	เ	ผ
ล	ป	น	ร	ย	◌่	ญ	ก	ะ	ป	ไ	ช	ว	แ	ไ
ร	◌ี	ด	◌์	น	อ	ม	ล	◌ั	อ	ป	ห	◌ี	ค	แ
ว	ฟ	า	ล	ย	ภ	ฮ	◌้	ฉ	ส	จ	ะ	◌่	ข	ไ
ผ	ต	ย	ส	ห	ศ	แ	ว	า	◌้	ข	น	ร	ส	ร
ซ	ภ	ญ	ฝ	ว	ไ	ล	ย	ศ	ภ	ต	บ	จ	ด	จ
ไ	ะ	ส	ต	ส	า	ล	ป	อ	อ	ง	◌ุ	◌่	น	ธ
ห	น	◌่	อ	ไ	ม	◌้	ฝ	ร	◌ั	◌่	ง	ข	บ	ล
น	ฝ	ร	ษ	ด	ท	◌ิ	ข	ฉ	ส	พ	ว	น	ว	ล
จ	ภ	ท	จ	ช	ซ	ป	แ	ต	ษ	ป	ญ	ม	ช	ต
ว	ณ	ณ	อ	◌ื	ข	เ	ะ	ม	ป	ส	ร	ป	น	ษ
ผ	ห	ฝ	ช	ถ	ง	ป	ญ	ข	ป	ะ	เ	◌ั	ไ	ด
ว	ค	จ	ศ	ท	เ	อ	◌ื	ข	เ	ะ	ม	ง	ล	พ
ม	ไ	ฝ	ภ	แ	ศ	แ	โ	ย	เ	ก	◌ิ	ร	◌์	ต

อัลมอนด์
สัปปะรด
แอปเปิ้ล
หน่อไม้ฝรั่ง
มะเขือ
กล้วย
บรอกโคลี
ขนมปัง
องุ่น
ไข่

แฮม
ชีส
ไก่
กีวี่
พืช
ข้าว
ข้าวสาลี
มะเขือเทศ
ปลา
โยเกิร์ต

22 - Klimmen

ท	บ	◌ู	า	◌้	ท	เ	ง	อ	ร	ก	ะ	จ	ไ	พ
ห	า	ผ	พ	ข	ไ	ป	ร	ถ	ธ	ข	ค	ค	ไ	ส
ม	ถ	ง	◌ู	ะ	ษ	พ	แ	ถ	◌้	อ	ง	า	ย	ภ
ว	◌ุ	ค	ก	◌้	◌ำ	น	ะ	น	แ	◌ำ	ค	ข	ธ	ย
ก	ง	น	ร	า	เ	ถ	ด	บ	ณ	ล	ไ	ค	ภ	ฟ
น	ม	◌่	ฝ	ธ	ย	ช	ช	ร	บ	ถ	จ	ญ	บ	ญ
◌ิ	◌ี	◌ั	ภ	แ	ท	ภ	◌ี	บ	า	ด	เ	จ	◌็	บ
ร	อ	ม	ญ	ป	ม	ไ	า	◌่	แ	ผ	น	ท	◌ี	◌่
ภ	ภ	ม	ษ	ง	ต	ก	พ	พ	ย	ร	ส	า	ส	ก
◌ั	ศ	า	ก	า	ย	ร	ร	บ	ซ	ว	ย	ะ	า	า
ย	บ	ว	ช	ห	ต	ด	บ	า	ท	ด	ช	ไ	บ	ร
ฟ	ร	ค	ห	ณ	แ	ษ	ไ	ไ	ว	ซ	ล	า	ท	อ
ภ	◌ู	ม	◌ิ	ป	ร	ะ	เ	ท	ศ	ศ	น	ฝ	ญ	บ
ร	ะ	ด	◌ั	บ	ค	ว	า	ม	ส	◌ู	ง	ะ	ถ	ร
แ	ค	บ	ค	ว	า	ม	อ	ย	า	ก	ร	◌ู	◌้	ม

บรรยากาศ
ผู้เชี่ยวชาญ
ทางกายภาพ
คำแนะนำ
ถ้ำ
ถุงมือ
หมวกนิรภัย
ระดับความสูง
แผนที่
แรง
รองเท้าบูท
บาดเจ็บ
ความอยากรู้
การอบรม
แคบ
ความมั่นคง
ภูมิประเทศ

23 - Restaurant #1

เ	ผ	◌็	ด	แ	ว	ช	ษ	อ	ร	ผ	ล	ห	ท	ง
พ	ป	ต	า	ข	ฟ	ค	ศ	แ	ย	ช	ฝ	บ	ไ	ด
น	น	◌ิ	ก	ข	น	ม	ป	◌ั	ง	ถ	า	ญ	ค	ม
ศ	า	◌ั	◌่	ธ	ะ	ก	า	แ	ฟ	ศ	พ	ม	ง	ณ
ข	จ	ท	ก	ก	า	ร	จ	อ	ง	น	ก	ป	ด	ส
ข	ฉ	ห	ไ	ง	ผ	◌้	า	เ	ช	◌็	ด	ป	า	ก
น	ส	ว	แ	เ	า	ไ	ร	ษ	ศ	ย	ถ	ฉ	ล	เ
ม	ภ	◌ั	ภ	ป	ส	น	ะ	ป	ไ	ม	◌ี	ด	า	น
ส	◌ู	ร	◌์	ย	◌ี	ช	เ	ช	ค	แ	เ	ไ	ส	◌ี
ผ	ม	ค	อ	ต	ะ	ษ	ม	ส	ถ	า	ผ	ม	แ	◌้
น	◌ิ	ม	า	ท	พ	ซ	ธ	อ	◌ิ	ผ	ฟ	ท	น	อ
ว	แ	ด	ห	น	ก	พ	ย	ซ	ป	ร	ช	ษ	ฟ	◌ู
◌่	พ	ฝ	า	ล	ธ	ว	ไ	ย	ต	ญ	◌์	ต	ไ	ผ
ส	◌้	อ	ร	ค	า	ฟ	จ	า	ข	แ	ซ	ฟ	ค	พ
ท	พ	ฝ	ส	ซ	ซ	ญ	ฉ	ซ	ณ	ก	า	า	ฉ	ผ

ภูมิแพ้
จาน
ขนมปัง
กิน
ส่วนผสม
แคชเชียร์
ครัว
ไก่
กาแฟ
ชาม

เมนู
มีด
เผ็ด
การจอง
ซอส
พนักงานเสิร์ฟ
ผ้าเช็ดปาก
ขนม
เนื้อ
อาหาร

24 - Geologie

น	แ	น	บ	ค	ญ	ค	ด	ก	น	ล	โ	เ	ไ	ง
ค	เ	ง	ส	◌ู	บ	า	ร	◌่	◌ี	ท	ซ	ภ	า	ข
ว	อ	า	ย	ญ	อ	ษ	ก	◌ิ	ษ	พ	น	◌้	◌ั	ช
อ	พ	ช	ต	ไ	ฉ	ญ	ถ	ญ	ส	ต	ล	า	ว	า
ท	บ	บ	ห	ข	ไ	ถ	ะ	ถ	ศ	ต	บ	อ	ด	ซ
ซ	ซ	ธ	ค	บ	อ	พ	ร	ะ	ม	ณ	◌ั	◌ื	ป	ข
◌์	แ	ผ	◌่	น	ด	◌ิ	น	ไ	ห	ว	ห	ล	ะ	อ
ไ	แ	ค	ล	เ	ซ	◌ี	ย	ม	ภ	ร	◌ิ	ก	ก	น
ถ	ก	ส	ท	เ	ห	ล	ว	ต	ท	ภ	น	เ	า	ภ
◌้	ษ	เ	ว	ฉ	ฝ	ธ	ร	ส	ด	ฟ	อ	ณ	ร	จ
◌ำ	ม	ต	ซ	ต	ไ	น	◌่	ฟ	ไ	า	ว	แ	◌ั	อ
ท	ะ	ง	ย	อ	ญ	ย	อ	ย	◌้	น	◌ิ	ห	ง	ะ
า	ว	น	แ	ธ	ร	น	น	ภ	◌ู	เ	ข	า	ไ	ฟ
จ	ย	◌ี	ส	ว	ซ	◌์	ฟ	อ	ส	ซ	◌ิ	ล	ต	อ
ป	ล	ห	ป	บ	ก	ว	า	เ	พ	ท	ง	ภ	ไ	ง

แผ่นดินไหว
แคลเซียม
ทวีป
ร่อน
ฟอสซิล
ไกเซอร์
เหลว
ถ้ำ
ปะการัง
คริสตัล
ควอทซ์
ชั้น
ลาวา
ที่ราบสูง
หินย้อย
หิน
ภูเขาไฟ
โซน
เกลือ
กรด

25 - Specerijen

เ	ก	า	น	พ	◌ู	ล	ค	ฟ	ไ	ด	ห	ภ	น	ซ
ม	ข	น	◌ั	ท	เ	ม	◌็	ก	ห	พ	ฝ	ว	ญ	ง
◌็	ผ	ง	ย	◌ี	◌่	ห	ร	◌่	า	ข	ม	ษ	า	ค
ด	ฝ	ธ	ษ	ฟ	ฝ	เ	ซ	ด	ล	ข	◌ิ	น	ก	น
ย	ผ	◌ั	ก	ช	◌ี	ฟ	ป	น	ม	บ	บ	ง	ร	ร
◌ี	พ	ฝ	ก	ง	ม	น	ซ	า	ล	◌ิ	น	ว	ะ	ส
◌่	ม	ค	แ	ร	ฉ	◌ู	ง	ฉ	ป	เ	ส	อ	ว	ช
ห	อ	บ	เ	ช	ย	ก	า	ง	ญ	ร	ย	◌ี	า	า
ร	ห	ฟ	ไ	ข	ช	ร	ญ	ร	ษ	ภ	◌ิ	ล	น	ต
◌่	ว	ท	ท	ม	ย	◌ี	ท	เ	ะ	ร	ก	ก	อ	◌ิ
า	◌ั	ศ	แ	ก	ง	ก	ฝ	ง	ข	เ	ก	เ	◌้	ก
ฉ	ห	ธ	ธ	ข	ห	ญ	◌้	า	ฝ	ร	◌ั	◌่	น	า
ธ	ง	ณ	ฉ	โ	ป	◌๊	ย	ก	◌ั	◌๊	ก	ภ	ต	ก
เ	ม	ฝ	ล	ผ	น	ไ	ง	ช	ศ	ห	ท	ส	ะ	ด
ะ	ด	ไ	ธ	อ	ธ	ส	ซ	น	ญ	ย	น	ฉ	ฝ	ญ

โป๊ยกั๊ก
ขม
เฟนูกรีก
ขิง
อบเชย
กระวาน
แกง
กระเทียม
ผงยี่หร่า
ผักชี
กานพูล
นัทเม็ก
ปาปริก้า
หญ้าฝรั่น
รสชาติ
หัวหอม
วนิลา
เม็ดยี่หร่า
หวาน
เกลือ

26 - Groenten

แ	ถ	ท	ย	ศ	อ	ณ	า	ภ	บ	ก	ม	ห	ต	ห
อ	แ	ค	ร	อ	ท	ธ	ผ	ท	ว	จ	ะ	ต	บ	◌ั
า	ถ	ท	ม	ร	ต	ห	ค	ญ	ล	ม	เ	ล	ไ	ว
ต	ส	บ	ว	ฟ	ะ	ผ	ท	ด	ษ	บ	ข	ฉ	ม	ผ
◌ิ	ง	ร	◌ั	◌่	ฝ	ช	◌ี	ก	◌ั	ผ	◌ี	ซ	ะ	◌ั
โ	ง	อ	ท	ก	◌ั	ฟ	ช	ษ	ห	ษ	อ	ร	ก	ก
ช	ฟ	ก	ค	แ	อ	ถ	ง	ถ	อ	ณ	พ	ส	อ	ก
◌๊	ว	โ	ศ	ป	ท	ม	ข	โ	ก	◌ั	ผ	ล	ก	า
ค	ง	ค	ศ	ท	เ	อ	◌ี	ข	เ	ะ	ม	◌ั	แ	ด
ข	จ	ล	ญ	ม	อ	ห	ว	◌ั	ห	ไ	อ	ด	ต	ป
ว	◌ิ	◌ี	ภ	เ	ก	ธ	◌็	ช	า	ด	ช	ฝ	ง	ย
อ	ม	ง	ด	ฉ	ฝ	ะ	ซ	ด	ษ	ง	า	แ	ก	ไ
ข	◌ึ	◌้	น	ฉ	◌่	า	ย	แ	ง	ร	ว	ฝ	ว	ข
ไ	อ	น	ศ	ก	ร	ะ	เ	ท	◌ี	ย	ม	ฟ	า	า
ห	◌ั	ว	ไ	ช	เ	ท	◌้	า	ต	ย	แ	แ	ข	ญ

อาติโช๊ค
มะเขือ
บรอกโคลี
ถั่ว
ขิง
กระเทียม
แตงกวา
มะกอก
เห็ด
ผักชีฝรั่ง
ฟักทอง
หัวผักกาด
หัวไชเท้า
สลัด
ขึ้นฉ่าย
หอม
ผักโขม
มะเขือเทศ
หัวหอม
แครอท

27 - Archeologie

ไ	ม	◌่	ท	ร	า	บ	ผ	ณ	ม	อ	ศ	ฟ	ห	ก
ก	ร	ะ	ด	◌ู	ก	ง	บ	ล	ล	า	า	อ	ล	า
ภ	แ	ง	ณ	ป	แ	ช	ล	แ	◌ี	ร	ส	ส	◌ุ	ร
ด	ล	จ	บ	ถ	◌ุ	ต	◌ั	ว	ม	ย	ต	ซ	ม	ป
เ	ไ	ผ	ศ	ะ	ร	ฝ	ก	ข	ซ	ธ	ร	◌ิ	ฝ	ร
น	ห	ษ	ว	ด	ล	เ	◌ึ	ศ	ด	ร	า	ล	◌ั	ะ
า	◌ั	ป	ท	◌ั	พ	ส	ล	ป	ย	ร	จ	ย	ง	เ
ล	ซ	ก	เ	ด	ด	ช	ม	เ	◌ุ	ม	า	ส	ศ	ม
ห	ไ	ไ	ว	ศ	ณ	ภ	า	◌ั	ค	◌ี	ร	า	พ	◌ิ
ก	บ	ะ	ะ	◌ิ	ศ	ษ	ว	ณ	ย	ท	ย	ฉ	ะ	น
◌ู	ด	ค	พ	อ	จ	ข	ค	ถ	ห	โ	◌์	บ	ค	เ
ล	ห	ซ	ผ	ไ	ค	◌ั	ธ	ภ	ก	ไ	บ	ไ	ย	ศ
ท	พ	ไ	ก	ค	ศ	ภ	ย	ท	ย	น	ศ	ร	ว	ษ
ผ	◌ู	◌้	เ	ช	◌ี	◌่	ย	ว	ช	า	ญ	ะ	า	ศ
ข	อ	ง	ท	◌ี	◌่	ร	ะ	ล	◌ึ	ก	ณ	แ	ไ	ณ

อารยธรรม
กระดูก
ผู้เชี่ยวชาญ
การประเมิน
ฟอสซิล
เศษ
หลุมฝังศพ
ความลึกลับ
ลูกหลาน
วัตถุ
ไม่ทราบ
นักวิจัย
สมัยโบราณ
ศาสตราจารย์
ของที่ระลึก
ทีม
วัด
ยุค
ลืม

28 - Ziekte

ก	ซ	เ	ร	◌ี	◌้	อ	ร	◌ั	ง	ษ	ต	ผ	ง	ส
ถ	ร	◌ิ	ด	ง	ฟ	ท	ห	ร	ย	ณ	ก	ศ	ร	◌ุ
ฝ	เ	ะ	น	ท	ย	า	ก	ง	า	◌่	ร	ภ	น	ข
ษ	ห	แ	ด	โ	บ	ส	เ	ก	◌ั	อ	ร	า	ก	ภ
โ	ส	แ	ช	◌ู	ด	ะ	จ	ฉ	อ	ช	ไ	ถ	ผ	า
ก	ร	ว	ก	เ	ก	ร	เ	ว	ห	◌ั	ว	ไ	จ	พ
ร	อ	ค	ว	ต	า	ป	ม	ซ	ป	พ	ส	ฝ	ก	แ
ร	◌่	ด	ต	ค	จ	ค	ร	โ	อ	◌้	◌ี	ช	เ	บ
ม	อ	◌ั	จ	◌ิ	ว	ร	ฟ	ค	ส	แ	ฉ	ธ	ฟ	ค
พ	น	บ	ฝ	เ	ด	โ	ร	บ	พ	ม	ฝ	ท	ไ	ท
◌ั	แ	◌ำ	ค	เ	จ	ต	ซ	ว	ศ	◌ิ	ไ	ม	ซ	◌ี
น	อ	บ	บ	ณ	เ	ก	◌่	ข	ะ	◌ู	พ	ป	น	เ
ธ	ม	ร	ท	◌้	อ	ง	ด	อ	ธ	ภ	ช	ไ	◌ั	ร
◌ุ	ท	า	ง	พ	◌ั	น	ธ	◌ุ	ก	ร	ร	ม	ส	◌ี
◌์	จ	ก	บ	ม	ห	า	ย	ไ	จ	ช	ข	ง	ญ	ย

หายใจ
ภูมิแพ้
แบคทีเรีย
โรคติดต่อ
กระดูก
ท้อง
เรื้อรัง
กรรมพันธุ์
ทางพันธุกรรม
สุขภาพ
หัวใจ
ร่างกาย
โรคประสาท
การอักเสบ
ไซนัส
ซินโดรม
การบำบัด
เชื้อโรค
อ่อนแอ

29 - Mythologie

ส	◌ั	ต	ว	◌์	ป	ร	ะ	ห	ล	า	ด	ฟ	ส	เ
ฟ	◌้	า	ร	◌้	อ	ง	ร	แ	ฟ	บ	ฉ	◌้	◌ิ	ช
ภ	◌ั	ย	พ	◌ิ	บ	◌ั	ต	◌ิ	ล	บ	ข	า	◌่	ะ
ง	ซ	ธ	ห	ว	ว	◌ี	ร	ส	ต	ร	◌ี	ผ	ง	ก
น	พ	ด	อ	◌ั	ย	ต	◌ำ	น	า	น	ท	◌่	ม	พ
ฉ	ว	อ	ก	ฒ	แ	ง	ษ	แ	ส	ส	ไ	า	◌ี	ฤ
ถ	ธ	◌์	พ	น	ร	ย	ช	ต	ธ	ห	ซ	ห	ช	ต
ข	จ	ไ	ค	ธ	ไ	ต	ต	◌้	ฮ	ญ	ฟ	ย	◌ี	◌ิ
อ	ฉ	ค	ษ	ร	ไ	ก	ฝ	น	ม	◌ี	ธ	จ	ว	ก
ด	ม	ไ	ะ	ร	ร	ง	ไ	แ	ค	ผ	โ	ญ	◌ิ	ร
า	พ	ต	เ	ม	เ	ว	ถ	บ	ล	ค	จ	ร	ต	ร
อ	ต	ผ	ภ	ฟ	ศ	า	ส	บ	ร	ก	◌ั	น	◌่	ม
ฝ	ณ	ณ	แ	า	ล	ข	ก	า	ร	ส	ร	◌้	า	ง
ค	เ	ฝ	ผ	ฝ	พ	เ	แ	ก	◌้	แ	ค	◌้	น	ซ
ค	ว	า	ม	ห	◌ึ	ง	ห	ว	ง	ฉ	ด	ถ	ค	แ

ต้นแบบ
ฟ้าผ่า
การสร้าง
วัฒนธรรม
ฟ้าร้อง
เขาวงกต
พฤติกรรม
ฮีโร่
วีรสตรี
สวรรค์

ความหึงหวง
แรง
นักรบ
ตำนาน
สัตว์ประหลาด
อมตภาพ
ภัยพิบัติ
ยแร
สิ่งมีชีวิต
แก้แค้น

30 - Eten #1

อ	า	ห	ต	ศ	ล	อ	จ	ก	บ	ต	ผ	ท	ค	น
ช	เ	ษ	ฉ	ศ	ล	ผ	ณ	ต	ว	น	ย	ก	ถ	า
ซ	ุ	ป	า	ก	ธ	ถ	ไ	ม	แ	า	เ	ว	า	แ
แ	ค	ร	พ	ษ	า	น	้	ำ	ผ	ล	ไ	ม	้	ค
น	ห	ด	ะ	ฝ	ข	แ	ไ	ส	ด	า	แ	ก	บ	ร
แ	จ	ด	ร	พ	อ	ไ	ฟ	ญ	ม	ต	อ	ก	า	อ
ห	ั	ว	ห	อ	ม	ษ	ฝ	ส	บ	ำ	ป	ร	ร	ท
ษ	ไ	า	โ	้	ข	ส	ล	ั	ด	้	ร	ะ	์	ถ
ค	ล	น	จ	ี	โ	า	จ	ย	บ	น	ิ	เ	เ	ั
ส	ะ	ะ	า	น	ก	น	น	ม	ณ	ภ	ค	ท	ล	่
ท	อ	ม	ช	เ	ั	ธ	ร	่	ท	แ	อ	ี	่	ว
ย	ี	บ	ห	ท	ผ	ว	ศ	ท	ู	ณ	ท	ย	ย	ล
ด	ล	ถ	เ	ง	ล	ฟ	ย	จ	ไ	ท	ม	ม	์	ิ
ไ	ก	ห	ว	ช	ล	ู	ก	แ	พ	ร	์	ว	ไ	ส
ณ	เ	ข	อ	ะ	ย	ศ	ผ	ผ	ม	ม	แ	ด	ฉ	ง

แอปริคอท
โหระพา
มะนาว
บาร์เล่ย์
อบเชย
กระเทียม
กาแฟ
นม
ลูกแพร์
ถั่วลิสง
สลัด
น้ำผลไม้
ซุป
ผักโขม
น้ำตาล
ทูน่า
หัวหอม
เนื้อ
แครอท
เกลือ

31 - Avontuur

ฝ	เ	ต	น	ผ	พ	ค	ภ	น	ย	ผ	ม	ะ	ด	ซ
า	พ	ผ	◌่	จ	◌ิ	ป	ษ	ป	ถ	จ	ห	ย	ณ	พ
ข	◌ี	ฝ	า	ฟ	ด	ด	ไ	า	ซ	ฟ	ช	ค	ง	บ
อ	◌่	ข	แ	ธ	ฝ	ะ	ป	ษ	ม	ด	ณ	ญ	ษ	ไ
ง	อ	◌ิ	ป	ข	บ	ศ	ว	ก	ฉ	ฝ	จ	า	จ	ค
า	น	ต	ล	ไ	ห	ม	◌่	ศ	ต	ต	อ	ห	ย	ว
ท	ส	า	ก	อ	โ	ร	ล	◌ึ	ห	◌ิ	ย	า	า	า
น	บ	ช	ไ	ย	า	ร	ต	น	◌ั	อ	ส	◌้	ท	ม
◌ิ	◌ำ	ม	จ	ธ	ภ	ก	น	ศ	ส	ณ	ป	ล	า	ป
ด	ไ	ร	ธ	ไ	แ	จ	ม	◌ั	ธ	ด	ภ	ก	◌้	ล
เ	ะ	ร	◌่	ไ	ฟ	◌ิ	ห	ท	า	พ	ป	ม	ท	อ
ร	แ	ธ	ธ	อ	ย	ก	ค	ว	า	ม	ง	า	ม	ด
า	ต	ป	พ	ญ	ง	า	ท	ย	า	ล	ป	ว	า	ภ
ก	า	ย	ม	า	ว	ค	ะ	ต	ษ	ซ	ก	ค	ว	◌ั
ก	า	ร	ต	ร	ะ	เ	ต	ร	◌ี	ย	ม	ไ	ค	ย

กิจกรรม
ปลายทาง
ทัศนศึกษา
อันตราย
โอกาส
ความกล้าหาญ
ความยาก
ธรรมชาติ
นำร่อง
ใหม่
ผิดปกติ
การเดินทาง
ความงาม
ความท้าทาย
ความปลอดภัย
น่าแปลกใจ
การตระเตรียม
จอย
เพื่อน

32 - Restaurant #2

เ	เ	ด	ว	ท	ญ	ม	ป	◌ุ	ซ	อ	ศ	ฝ	ซ	ต
ย	ค	ค	แ	ผ	ด	◌ั	ล	ส	เ	า	ล	ง	แ	จ
ะ	ไ	ร	ร	ศ	ณ	อ	า	ล	ก	ห	ม	บ	ฟ	า
ซ	ต	ก	◌ี	◌ี	ธ	ผ	ง	ว	ล	า	ฉ	ไ	ธ	ถ
ฉ	ฟ	◌ิ	ะ	◌่	◌่	ท	ฉ	พ	◌ี	ร	ร	ส	ข	ไ
แ	ณ	ร	ม	ผ	อ	อ	ค	ฟ	อ	เ	◌ำ	◌้	น	◌่
ว	ป	บ	ก	ล	ด	ง	ง	ญ	ค	ย	ฟ	อ	น	ฝ
ช	◌้	อ	น	ไ	ศ	ผ	ด	เ	ม	◌็	ฟ	ม	◌้	ค
ญ	ซ	ผ	ศ	ม	ภ	ฟ	ล	◌ี	ท	น	ภ	เ	◌ำ	เ
ก	ม	ข	า	◌้	น	ข	ห	ฟ	◌่	ศ	บ	แ	แ	ต
ก	◌๋	ว	ย	เ	ต	◌ี	◌๋	ย	ว	ม	ณ	ช	ข	ผ
เ	ก	◌้	า	อ	◌ี	◌้	ผ	◌ั	ก	◌้	ค	เ	◌็	ข
อ	า	ห	า	ร	ก	ล	า	ง	ว	◌ั	น	ย	ง	บ
อ	ร	◌่	อ	ย	ง	า	ว	แ	ด	พ	บ	ษ	ฟ	ป
บ	น	า	ะ	ง	า	ณ	ก	ถ	ล	ไ	ข	ฟ	ต	ญ

เค้ก
อาหารเย็น
เครื่องดื่ม
ไข่
ผลไม้
ผัก
อร่อย
น้ำแข็ง
ช้อน
อาหารกลางวัน
ก๋วยเตี๋ยว
บริกร
สลัด
ซุป
เครื่องเทศ
เก้าอี้
ปลา
ส้อม
น้ำ
เกลือ

33 - De Media

ค	ว	า	ม	เ	ห	◌็	น	ษ	ไ	ร	ด	โ	ท	ซ
ผ	ส	า	ธ	า	ร	ณ	ะ	า	ศ	ป	ไ	ท	◌ั	ร
ก	า	ร	ส	◌ื	◌่	อ	ส	า	ร	ย	น	ร	ศ	ธ
ข	◌้	อ	เ	ท	◌็	จ	จ	ร	◌ิ	ง	แ	ท	น	ว
ห	น	◌ั	ง	ส	◌ื	อ	พ	◌ิ	ม	พ	◌์	◌ั	ค	ศ
ฉ	ท	◌้	อ	ง	ถ	◌ิ	◌่	น	ร	ช	ฟ	ศ	ต	ล
ด	บ	อ	ท	พ	โ	ย	น	ห	ร	ะ	ล	น	◌ิ	ค
ก	◌ิ	◌ั	ฟ	ผ	ฆ	น	◌ิ	ฉ	ก	ซ	ผ	◌์	ม	ค
ฝ	า	จ	บ	ฝ	ษ	ท	ต	ล	ห	ว	◌ิ	ท	ย	◌ุ
ไ	ด	ร	◌ิ	เ	ณ	ล	ย	ถ	า	ฟ	ต	ไ	น	บ
ล	ย	ห	ศ	ท	า	ฉ	ส	ษ	ส	ว	พ	ก	จ	ย
ม	ซ	แ	ฉ	◌ึ	◌ั	ฉ	า	ฉ	ต	ถ	แ	า	ท	า
ฝ	ล	ข	ห	พ	ก	ล	ร	ด	◌ุ	แ	ไ	ค	◌ุ	ร
ย	ธ	ฉ	ไ	ป	ศ	ษ	ว	ธ	อ	ง	ษ	ศ	น	ค
อ	อ	น	ไ	ล	น	◌์	า	ญ	ญ	ป	◌ั	◌ิ	ต	ส

โฆษณา
การสื่อสาร
ดิจิทัล
ฉบับ
ข้อเท็จจริง
ทุน
ทัศนคติ
รายบุคคล
อุตสาหกรรม
สติปัญญา

หนังสือพิมพ์
ท้องถิ่น
ความเห็น
การศึกษา
ออนไลน์
สาธารณะ
วิทยุ
โทรทัศน์
นิตยสาร

34 - Bijen

ค	ฝ	ฉ	ผ	ล	ไ	ม	◌้	ธ	ก	บ	ด	ซ	ข	ท
ศ	ว	เ	◌ิ	น	บ	บ	ะ	ร	น	◌ี	ว	ค	◌ี	◌ี
ด	ฉ	า	ฟ	ว	ร	ค	ร	ข	ผ	ฝ	ง	เ	◌้	◌่
ผ	พ	ส	ม	ส	◌ั	ว	◌้	ม	ไ	ก	อ	ด	ผ	อ
แ	ร	ป	แ	ห	ง	◌ั	ย	ภ	ท	แ	า	น	◌ึ	ย
ฉ	ม	ฟ	ฟ	ง	ล	น	ฟ	บ	อ	ป	ท	◌้	◌้	◌ู
อ	ถ	ล	า	ญ	ณ	า	เ	ร	ณ	◌ู	◌ิ	◌ำ	ง	◌่
ม	า	ษ	ง	ไ	บ	ฝ	ก	◌ี	ป	บ	ต	ผ	◌ู	อ
ฉ	ญ	ห	ผ	ท	ฝ	ช	อ	ห	ผ	ข	ย	◌ึ	ฝ	า
ว	ส	ะ	า	ท	ม	ด	ด	ต	ล	ไ	◌์	◌้	ค	ศ
ณ	ท	ว	ม	ร	ม	ผ	ล	แ	จ	า	น	ง	ะ	◌ั
ถ	บ	ว	ต	ฟ	ไ	ษ	ไ	ศ	ต	ส	ย	ห	ว	ย
เ	ป	◌็	น	ป	ร	ะ	โ	ย	ช	น	◌์	น	เ	ฉ
ล	ค	ป	ซ	ข	เ	ภ	ย	น	◌ี	ช	พ	ฟ	ง	อ
ฝ	า	ข	ณ	ณ	ษ	ห	ล	พ	พ	ซ	ญ	ไ	ท	ผ

รัง
ดอกไม้
ดอก
ความหลากหลาย
ระบบนิเวศ
ผลไม้
ที่อยู่อาศัย
น้ำผึ้ง
แมลง
ควีน
พืช
ควัน
เรณู
สวน
ปีก
อาหาร
เป็นประโยชน์
ขี้ผึ้ง
ดวงอาทิตย์
ฝูง

35 - Wandelen

ส	พ	เ	อ	ท	ด	ไ	ป	ฐ	ม	น	◌ิ	เ	ท	ศ
ร	บ	ป	า	ด	ธ	ว	ส	◌ั	ต	ว	◌์	ฝ	บ	จ
ห	◌ิ	น	ย	ณ	ผ	ต	ง	ผ	ค	เ	ผ	ณ	พ	อ
ป	ณ	ส	ร	ศ	ส	ส	◌ุ	อ	ต	ส	ษ	แ	ญ	◌ั
จ	แ	ผ	ญ	ป	จ	ญ	ย	ญ	า	ข	เ	◌ู	ภ	น
ภ	◌ู	ม	◌ิ	อ	า	ก	า	ศ	◌่	ท	ธ	ย	จ	ต
ไ	แ	ว	แ	ซ	ไ	ช	ซ	◌่	ป	ณ	◌ิ	น	ด	ร
ก	า	ร	ต	ร	ะ	เ	ต	ร	◌ี	ย	ม	ต	น	า
เ	ธ	ร	ร	ม	ช	า	ต	◌ิ	ณ	ท	ถ	พ	ย	ย
ะ	ห	น	◌้	◌ำ	ะ	ง	ถ	ช	ห	ธ	น	ญ	ผ	◌์
ญ	◌ำ	น	ะ	น	แ	◌ำ	ค	ย	น	ผ	ฟ	ผ	ห	ง
ฟ	ก	พ	◌ี	ไ	ฉ	ย	ณ	ญ	◌้	ล	ซ	ไ	แ	ภ
ว	ป	ย	ล	◌่	ช	ศ	า	ก	า	อ	พ	า	ภ	ส
ะ	ฝ	ว	า	แ	อ	ผ	ต	ะ	ผ	ร	ณ	ต	ย	ข
ข	ร	ไ	ร	ค	น	ย	ก	บ	า	ร	ห	ผ	ฉ	ต

ภูเขา
สัตว์
อันตราย
คำแนะนำ
แผนที่
หน้าผา
ภูมิอากาศ
เหนื่อย
ยุง

ธรรมชาติ
ปฐมนิเทศ
หิน
การตระเตรียม
น้ำ
สภาพอากาศ
ป่า
ดวงอาทิตย์

36 - Ecologie

ท	ษ	า	ซ	ซ	ศ	ฟ	า	ง	ต	ส	ธ	ท	ด	ย
◌ี	แ	ท	ฉ	ถ	ก	ล	อ	ญ	แ	ษ	ร	ฝ	ญ	ม
◌่	ล	ห	◌ั	ศ	ส	อ	ว	ถ	ธ	ส	ร	ง	ป	ษ
อ	◌้	บ	ซ	◌่	ช	ร	ล	ไ	ว	น	ม	ค	ง	ป
ย	ง	ส	◌ึ	ป	ว	า	า	ร	ย	ป	ช	ต	ม	ญ
◌ู	ท	◌ั	ล	ง	ฝ	โ	ท	ะ	เ	ล	า	ม	ง	น
◌่	ภ	ต	ด	ฝ	ด	น	ล	ช	ะ	ฉ	ต	ผ	◌ุ	เ
อ	◌ู	ว	ห	น	น	ญ	ล	ก	ร	ง	◌ิ	ค	ไ	ช
า	เ	◌์	ค	ว	า	ม	ห	ล	า	ก	ห	ล	า	ย
ศ	ข	ป	ษ	พ	◌ี	ช	ณ	ย	ค	ภ	จ	ล	ซ	จ
◌ั	า	◌่	ย	◌ั	◌่	ง	ย	◌ื	น	ต	พ	ข	ม	ไ
ย	ศ	า	ก	า	อ	ม	◌ิ	◌ู	ภ	ธ	ส	ไ	ว	ด
ก	า	ร	อ	ย	◌ู	◌่	ร	อ	ด	ถ	พ	ล	น	ส
ส	า	ย	พ	◌ั	น	ธ	◌ุ	◌์	ห	ฝ	ษ	น	ซ	จ
จ	เ	ป	◌็	น	ธ	ร	ร	ม	ช	า	ต	◌ิ	บ	น

ภูเขา
ความหลากหลาย
แล้ง
ยั่งยืน
สัตว์ป่า
ฟลอรา
ชุมชน
ทั่วโลก
ที่อยู่อาศัย
ภูมิอากาศ
ทะเล
บึง
ธรรมชาติ
เป็นธรรมชาติ
การอยู่รอด
สายพันธุ์
พืช

37 - Biologie

ฮ	แ	ซ	ว	ป	ศ	ก	ค	ส	อ	ไ	โ	ศ	ธ	ส
อ	บ	◌ิ	◌ิ	ท	ง	า	อ	า	เ	ซ	ค	ร	ช	เ
ร	ค	ม	ว	แ	จ	ร	ล	ย	ซ	แ	ร	ช	ส	ศ
◌์	ท	ไ	◌ั	ธ	ว	ห	ล	พ	ล	น	โ	ซ	ย	ท
โ	◌ี	บ	ฒ	บ	ม	า	า	◌ั	ล	ป	ม	น	ล	ซ
ม	เ	โ	น	ถ	ก	ย	เ	น	◌์	ส	โ	ษ	◌ี	อ
น	ร	อ	า	จ	ง	ไ	จ	ธ	ป	◌์	ซ	พ	ค	ซ
ท	◌ี	ซ	ก	ญ	ช	จ	น	◌ุ	ร	ไ	ม	ช	เ	เ
เ	ย	◌ิ	า	ถ	ค	ฝ	น	◌์	ะ	ว	ย	◌ั	ว	อ
ช	ซ	ส	ร	ส	◌ิ	ซ	ม	โ	ส	อ	อ	ล	◌ิ	น
ไ	บ	ล	โ	ป	ร	ต	◌ี	น	า	ล	ญ	ม	น	ไ
ห	ก	ท	ล	ฉ	พ	ะ	เ	เ	ท	ไ	ป	ษ	ล	ซ
ซ	แ	ต	ธ	◌์	เ	อ	◌็	ม	บ	ร	◌ิ	โ	อ	ม
ก	า	ร	ก	ล	า	ย	พ	◌ั	น	ธ	◌ุ	◌์	ต	◌์
ย	เ	ป	◌็	น	ธ	ร	ร	ม	ช	า	ต	◌ิ	ะ	ง

การหายใจ
แบคทีเรีย
เซลล์
โครโมโซม
คอลลาเจน
โปรตีน
เอ็มบริโอ
เอนไซม์
วิวัฒนาการ
ฮอร์โมน
นิวเคลียส
การกลายพันธุ์
เป็นธรรมชาติ
เซลล์ประสาท
อวัยวะ
ออสโมซิส
สายพันธุ์
ซิมไบโอซิส
ไซแนปส์

38 - Landen #1

ไ	ร	จ	ห	แ	อ	◌ิ	ส	ร	า	เ	อ	ล	น	ม
จ	ร	ฉ	ห	ต	ค	ษ	ไ	ผ	ว	ล	ด	◌ั	อ	ค
ถ	ค	ห	จ	ม	ก	น	ณ	ก	ว	◌ั	ก	ก	ร	ภ
ก	◌ั	ม	พ	◌ู	ช	า	า	ง	ะ	ต	อ	น	◌์	ส
โ	ร	ม	า	เ	น	◌ี	ย	ด	ฟ	เ	◌ี	เ	เ	เ
อ	อ	ผ	ง	ข	ท	ผ	ถ	ไ	า	ว	ย	ซ	ว	ป
◌ี	ถ	ล	เ	ฉ	บ	ธ	เ	ผ	อ	◌ี	◌ิ	เ	ย	น
น	◌ิ	ก	า	ร	า	ก	◌ั	ว	า	ย	ป	น	◌์	า
ม	ต	ร	ฉ	ง	ป	ช	แ	ก	ส	บ	ต	ม	ศ	ไ
ร	แ	◌ั	ป	ม	า	ต	ค	ว	ห	◌ี	◌์	เ	ต	ก
อ	ถ	◌ิ	ล	พ	ม	ม	ย	◌ี	ย	เ	ล	บ	เ	ไ
ย	ค	อ	เ	จ	า	า	ฝ	น	ณ	◌ิ	ส	◌ี	ไ	ญ
เ	ท	ข	ก	ด	น	อ	ผ	ม	ส	ล	ป	ข	◌ิ	แ
บ	ภ	ถ	บ	ร	า	ซ	◌ิ	ล	◌ี	า	ต	◌ิ	อ	ช
◌์	ด	น	ล	แ	ป	โ	ม	ร	◌็	อ	ค	โ	ค	ม

เบลเยียม
บราซิล
กัมพูชา
แคนาดา
ชิลี
เยอรมนี
อียิปต์
อิรัก
อิสราเอล
อิตาลี
ลัตเวีย
ลิเบีย
โมร็อคโค
นิการากัว
นอร์เวย์
ปานามา
โปแลนด์
โรมาเนีย
เซเนกัล
สเปน

39 - Installaties

ง	ฟ	ร	ญ	ม	ก	อ	ฝ	ต	ห	เ	แ	บ	ษ	ข
ด	ส	ฝ	น	า	ร	อ	ล	ฟ	◌้	ด	อ	ก	ษ	ศ
ป	◌ุ	◌๋	ย	◌้	ะ	ม	ร	พ	ไ	น	◌ุ	ม	ส	ไ
ด	ไ	ร	ฟ	ญ	บ	อ	ฉ	ห	ส	ะ	ไ	ป	ณ	บ
อ	ม	า	ย	ห	อ	ส	เ	า	ว	เ	ณ	ม	แ	ไ
ก	◌้	ก	ย	ร	ง	ส	ษ	ฉ	น	บ	ข	ไ	◌้	ม
ไ	ไ	า	บ	า	เ	◌์	ษ	อ	ซ	อ	ฟ	บ	า	◌้
ม	ผ	ก	พ	ง	พ	ไ	ผ	ะ	ง	ร	ถ	อ	น	เ
◌้	◌่	จ	ญ	ห	ช	ส	ค	จ	ก	◌์	แ	ข	พ	ก
ภ	◌ี	ค	ณ	จ	ร	◌ุ	ไ	ว	พ	ร	ถ	◌ั	◌่	ว
ท	ว	ภ	ค	จ	ฉ	ญ	บ	ห	ก	◌ี	ต	เ	ฝ	ศ
พ	อ	ว	ศ	ย	ป	น	ข	ล	ะ	◌่	ะ	ย	ฝ	เ
◌ี	ไ	ด	เ	ย	ก	◌่	ก	จ	ณ	ด	ซ	ผ	ญ	ญ
ช	พ	ม	◌์	ร	ต	ส	า	ศ	ษ	ก	ฤ	พ	ธ	ก
ร	ข	แ	ย	ะ	ะ	ค	ป	ภ	จ	ไ	ศ	พ	ะ	ผ

ไม้ไผ่
เบอร์รี่
ดอกไม้
ดอก
ต้นไม้
ถั่ว
ป่า
กระบองเพชร
ฟลอรา
ใบไม้
หญ้า
ไอวี่
สมุนไพร
ปุ๋ย
มอสส์
พฤกษศาสตร์
บุช
สวน
พืช
ราก

40 - Agronomie

ฉ	ซ	ภ	อ	ป	ว	ะ	ร	า	ห	า	อ	ย	ไ	เ
ส	ฝ	ต	บ	ฟ	ญ	ย	ะ	เ	ศ	ท	พ	จ	เ	ร
ห	◌ิ	น	ผ	ธ	ไ	ไ	บ	ช	า	ซ	อ	า	ไ	◌ี
ซ	ถ	◌่	ต	แ	า	า	บ	ร	ย	◌๋	◌ุ	ป	แ	ย
อ	า	ธ	ง	ล	ย	บ	ญ	ฝ	◌์	ง	เ	ว	ต	น
ะ	ก	า	ญ	แ	ท	บ	น	ช	ร	ส	ก	◌ิ	ต	า
ศ	า	โ	ร	ค	ว	ณ	ห	ญ	◌ี	ม	ษ	ท	ล	ง
ภ	ร	ห	ห	ฝ	◌ิ	ด	ภ	ห	ท	ล	ต	ย	ค	ง
ป	ผ	ถ	ฝ	ป	ศ	◌็	ล	ม	น	พ	ร	า	ผ	◌ั
แ	ล	น	ล	ไ	ว	ล	ว	◌้	◌ิ	◌ิ	ก	ศ	◌ั	ล
ผ	◌ิ	◌้	ณ	ห	เ	ม	ญ	◌ิ	อ	ษ	ร	า	ก	พ
ร	ต	◌ำ	ห	ร	◌ิ	เ	ซ	ล	จ	ม	ร	ส	ต	ส
ห	◌่	ต	ฟ	ค	น	ช	พ	ส	ง	◌ั	ม	ต	ญ	ท
ป	ศ	อ	ย	◌ั	◌่	ง	ย	◌ี	น	ณ	ย	ร	ล	ศ
ถ	ษ	ษ	น	ไ	ซ	ด	ค	ไ	ญ	ผ	ท	◌์	ห	จ

ยั่งยืน
นิเวศวิทยา
พลังงาน
ร่อน
ผัก
เกษตรกรรม
ชนบท
ปุ๋ย
สิ่งแวดล้อม
วิจัย

อินทรีย์
การผลิต
เรียน
ระบบ
มลพิษ
อาหาร
น้ำ
วิทยาศาสตร์
เมล็ด
โรค

41 - Oceaan

ป	ล	า	โ	ล	ม	า	เ	ฉ	จ	ค	แ	ร	ย	ช
ะ	ธ	่	ไ	ญ	ษ	ช	ร	ผ	ซ	ค	ม	ไ	ี	แ
า	ค	ต	ะ	ท	ธ	ฟ	ื	ท	ย	ณ	ง	ว	ถ	ฟ
เ	บ	เ	ต	ซ	ู	น	อ	ง	้	ุ	ก	ร	ศ	ป
ก	ช	ท	ข	ส	น	น	อ	ั	ย	ร	ะ	ป	ง	ล
ล	ล	ห	ไ	า	ล	ป	่	ร	พ	ญ	พ	ู	ฝ	า
ี	อ	เ	ท	ห	ช	พ	ฬ	า	ว	ท	ร	ใ	ไ	ห
อ	ข	ห	เ	ร	ค	ท	ต	ก	ง	ม	ุ	า	ห	ม
ร	ถ	ย	ย	่	ด	ต	ไ	ะ	ะ	ภ	น	ใ	อ	ื
ป	ษ	พ	ม	า	ย	ฝ	ฉ	ป	แ	า	ผ	ร	ย	ก
ษ	ล	ร	ุ	ย	า	พ	ฟ	อ	ง	น	้	ำ	น	ย
ธ	ผ	า	ท	ฉ	ล	า	ม	ใ	ท	ย	ฝ	ม	า	ั
น	้	ำ	ข	ึ	้	น	น	้	ำ	ล	ง	ฉ	ง	ก
ค	ข	ฟ	ค	ม	ฝ	บ	พ	ฟ	ถ	จ	จ	ฉ	ร	ษ
ะ	ง	ต	อ	ญ	ซ	ฝ	ป	ว	ก	ว	ธ	ย	ม	์

ปลาไหล
สาหร่าย
เรือ
ปลาโลมา
กุ้ง
น้ำขึ้นน้ำลง
ฉลาม
ปะการัง
ปู
แมงกะพรุน
ปลาหมึกยักษ์
หอยนางรม
รีฟ
เต่า
ฟองน้ำ
พายุ
ทูน่า
ปลา
วาฬ
เกลือ

42 - Landen #2

ค	บ	ย	า	ภ	ฝ	ด	◌์	น	ล	แ	◌์	ร	อ	ไ
ผ	ณ	ร	◌ู	ง	ย	ร	◌ี	เ	◌ี	ซ	เ	◌ั	น	ว
ย	อ	◌ี	ษ	ก	า	ท	◌ั	ภ	ธ	ย	ธ	ส	อ	ก
เ	ฟ	เ	ถ	◌์	◌ั	า	ช	◌่	ไ	ป	ภ	เ	น	โ
ค	ษ	◌ี	ญ	ร	ฝ	น	แ	ฟ	ง	◌ี	แ	ซ	า	ซ
น	ถ	บ	ฟ	า	ธ	ร	ด	ธ	ส	เ	ะ	◌ี	บ	ม
ย	ก	ล	ศ	ม	ต	ค	ส	า	า	อ	ศ	ย	ล	า
า	ภ	ไ	ก	น	ถ	เ	ล	ภ	บ	โ	ล	ส	เ	เ
ห	ว	ถ	ร	ด	ภ	◌ู	ไ	า	ล	◌ิ	น	ต	น	ล
ด	ร	ฝ	◌ี	เ	ป	ย	พ	ฉ	ว	ธ	ป	ฟ	ป	◌ี
ย	ก	โ	ซ	◌ิ	ก	◌็	ม	เ	ม	อ	◌ุ	ต	า	ย
ศ	จ	ไ	ะ	น	ห	ไ	ธ	ถ	ถ	เ	◌่	ฝ	ล	น
อ	◌ิ	น	โ	ด	น	◌ี	เ	ซ	◌ี	ย	◌่	ภ	ซ	ณ
ม	า	เ	ล	เ	ซ	◌ี	ย	ร	◌ี	เ	◌ี	จ	น	ไ
ฉ	ศ	ณ	ช	ข	ป	า	เ	ล	ฝ	ญ	ญ	ป	ย	อ

เดนมาร์ก
เอธิโอเปีย
ฝรั่งเศส
กรีซ
ไอร์แลนด์
อินโดนีเซีย
ญี่ปุ่น
เคนยา
ลาว
เลบานอน
ไลบีเรีย
มาเลเซีย
เม็กซิโก
เนปาล
ไนจีเรีย
ยูกันดา
ยูเครน
รัสเซีย
โซมาเลีย
ซีเรีย

43 - Bloemen

ก	ส	ร	ว	า	ส	เ	ก	ก	แ	ศ	ฝ	ฟ	ฟ	ก
ไ	ฟ	ว	ะ	บ	ม	ด	◌ุ	พ	ณ	ย	ษ	แ	แ	ล
ฉ	บ	ผ	ย	ช	ส	ซ	ย	ไ	ม	จ	ฝ	ท	ซ	◌้
ผ	น	ว	ไ	◌์	ย	◌ี	ล	เ	น	โ	ก	ม	แ	ว
ย	ล	อ	ต	ร	ไ	◌่	ก	◌ุ	ห	ล	า	บ	ท	ย
ช	◌่	อ	ด	อ	ก	ไ	ม	◌้	บ	◌ี	ล	ก	◌ิ	ไ
ฟ	ง	ภ	น	ว	ป	ฉ	ม	ช	เ	ภ	า	ล	ว	ม
ะ	ล	ไ	ก	เ	◌๊	ส	อ	ะ	ผ	ฟ	เ	◌ิ	ล	◌้
ศ	ข	ศ	ถ	ล	อ	น	น	ส	ล	ล	ว	ล	◌ิ	น
ม	ง	น	เ	ค	ป	โ	ฝ	เ	ต	◌ิ	น	ล	ป	ผ
ม	◌่	ว	ง	โ	ป	บ	า	ร	ไ	ม	เ	◌ี	น	ย
ะ	อ	ท	ซ	ห	◌ี	ต	ญ	ซ	ซ	ณ	ด	◌่	ะ	ร
เ	ช	ณ	ไ	ไ	◌้	◌ั	ข	ผ	า	ก	อ	ะ	ภ	ญ
ต	ส	ป	ค	น	ง	◌๋	น	ค	ผ	ม	ร	ณ	ภ	เ
ไ	จ	ข	ท	ร	ไ	น	า	ข	ป	แ	◌์	ล	ส	ไ

กลีบ
ช่อดอกไม้
พุด
ชบา
มะลิ
โคลเวอร์
ลาเวนเดอร์
ลิลลี่
ม่วง
เดซี่
แมกโนเลีย
กล้วยไม้
ป๊อปปี้
เสาวรส
โบตั๋น
กุหลาบ
ทิวลิป

44 - Landschappen

ท	ภ	ช	◌์	ร	อ	ซ	เ	ก	ไ	ถ	ห	ก	ง	ข
ะ	◌ู	ง	า	ไ	ท	ฟ	อ	แ	ณ	ท	◌ุ	ช	ไ	ค
เ	เ	ข	ง	ย	อ	◌ุ	เ	ม	ท	◌ุ	บ	บ	ง	า
ล	ข	◌็	ร	ฝ	ห	ย	ม	ด	ณ	น	เ	า	พ	ฟ
ท	า	แ	ห	ส	ด	า	ญ	ส	จ	ด	ข	ส	ฟ	ษ
ร	ไ	◌ำ	◌้	ถ	ณ	ผ	ด	ก	บ	ร	า	ล	ป	า
า	ฟ	◌้	ง	ข	◌็	แ	◌ำ	น	◌้	า	ข	เ	◌ู	ภ
ย	ด	น	โ	อ	เ	อ	ซ	◌ิ	ส	ฉ	ค	ะ	อ	ไ
ล	ข	ร	ท	◌ุ	ม	ส	า	ห	ม	ษ	เ	ท	อ	ป
เ	ก	า	ะ	ภ	ซ	ฝ	า	ข	เ	น	◌ิ	น	เ	ด
ะ	ต	ธ	แ	ม	◌่	น	◌้	◌ำ	เ	ฟ	ธ	ไ	ส	ห
ท	◌ำ	อ	ซ	ไ	ษ	ช	ฉ	ต	จ	◌ู	ะ	จ	ศ	ซ
ภ	◌้	ง	ณ	ป	ว	ศ	บ	ษ	ม	ญ	ภ	บ	◌ึ	ง
ผ	น	น	พ	อ	เ	ล	เ	เ	ช	ฉ	ท	บ	ด	ญ
ศ	ณ	จ	ท	แ	ว	ธ	ง	ณ	ญ	ธ	ร	ศ	ว	น

ภูเขา
เกาะ
ไกเซอร์
ธารน้ำแข็ง
ถ้ำ
เนินเขา
ภูเขาน้ำแข็ง
ทะเลสาบ
บึง
โอเอซิส

มหาสมุทร
แม่น้ำ
คาบสมุทร
ชายหาด
ทุนดรา
หุบเขา
ภูเขาไฟ
น้ำตก
ทะเลทราย
ทะเล

45 - Tuin

ส	ผ	ค	ไ	ไ	ร	ซ	ต	พ	ฟ	ท	ต	ห	ร	ณ
ว	ม	ว	◌ั	ช	พ	◌ี	ช	ข	บ	◌่	ผ	า	ะ	ส
น	◌้	◌้	ค	ฟ	ล	ศ	◌ำ	น	◌้	อ	◌่	บ	เ	ผ
ผ	ไ	◌ั	า	ผ	ถ	ฟ	แ	ภ	ต	ร	ผ	เ	บ	ฟ
ล	น	ร	◌้	น	◌ี	ล	พ	โ	ม	ร	ท	แ	◌ี	โ
ไ	◌้	ป	ญ	ว	◌ั	พ	ล	◌ั	◌่	ว	ท	ป	ย	ร
ม	ต	บ	ห	ส	ไ	◌่	บ	แ	ส	ษ	ล	แ	ง	ง
◌้	ช	ษ	น	พ	ท	ช	ง	ถ	ง	อ	ค	ผ	ณ	ร
ด	ต	ธ	ท	น	ร	ณ	ภ	ด	ก	ย	ร	แ	เ	ถ
อ	ค	ษ	ร	ถ	ธ	ผ	บ	จ	◌ิ	อ	า	ย	จ	ย
ก	ไ	ช	ว	ท	ง	ถ	ส	ว	ไ	น	ด	แ	เ	จ
ไ	ป	ช	า	น	บ	◌้	า	น	ว	ญ	ล	ป	เ	า
ม	ซ	ด	◌ุ	ป	ช	ษ	ษ	ธ	ภ	ย	ไ	ถ	ฉ	ไ
◌้	ไ	ท	ฝ	บ	ล	ส	น	า	ม	ห	ญ	◌้	า	อ
ศ	ศ	ย	ท	ถ	ว	ท	ต	แ	ภ	ล	จ	ข	จ	ศ

ม้านั่ง
ดอกไม้
ดิน
ต้นไม้
สวนผลไม้
โรงรถ
สนามหญ้า
หญ้า
เปลญวน
คราด
รั้ว
วัชพืช
พลั่ว
ท่อ
บุช
ชานบ้าน
แทรมโพลีน
สวน
ระเบียง
บ่อน้ำ

46 - Beroepen #2

น	ว	ด	น	พ	า	ข	บ	ส	◌ี	ก	◌ั	น	น	ผ
◌ั	ซ	อ	า	า	ญ	ช	ร	◌ั	ป	ก	◌ั	น	◌ั	ญ
ก	ล	ษ	ษ	ภ	ณ	ธ	ร	ก	ส	ณ	ภ	แ	ก	เ
ป	ญ	ก	ศ	ง	ส	ะ	ณ	ภ	ร	ย	ญ	า	บ	ค
ร	ว	ซ	ส	า	น	ว	า	ช	น	ต	ก	ญ	◌ิ	ป
ะ	ม	เ	ป	◌่	ช	ญ	ร	ผ	แ	ญ	◌ิ	ง	น	ค
ด	ค	แ	ร	ช	เ	ไ	◌ั	ป	ไ	บ	อ	จ	ส	า
◌ิ	น	น	ฟ	ว	ญ	แ	ก	น	◌ั	ก	ข	◌่	า	ว
ษ	ฝ	◌ั	ส	ร	แ	ต	ษ	แ	า	ท	ณ	ร	ฝ	ไ
ฐ	ศ	ห	ก	ว	ศ	ย	◌์	ท	พ	แ	ต	น	◌ั	ท
◌์	ก	น	น	ว	น	ศ	◌ั	ล	ย	แ	พ	ท	ย	◌์
แ	พ	ท	ย	◌์	◌ิ	ถ	ย	ว	ส	ช	ร	ย	ค	ฝ
ล	บ	ณ	ข	พ	อ	จ	ว	◌ิ	ศ	ว	ก	ร	ร	ย
ฝ	จ	ว	ไ	ย	ด	ะ	◌ั	ณ	ด	ง	ธ	ญ	◌ู	ผ
ะ	ญ	อ	อ	ง	ห	ซ	ญ	ย	ศ	พ	ว	ก	ว	แ

แพทย์
บรรณารักษ์
ชาวนา
ศัลยแพทย์
นักสืบ
นักปรัชญา
ช่างภาพ
วิศวกร
นักข่าว
ครู
นักวิจัย
นักบิน
จิตรกร
ทันตแพทย์
คนสวน
นักประดิษฐ์

47 - Dagen en Maanden

ว	ม	ถ	จ	ข	ต	ส	ส	ฝ	ส	ว	ก	ก	พ	ว
า	◌ั	◌ี	ท	ด	ภ	ท	◌ั	ม	◌ิ	◌ั	◌ั	◌ุ	ฤ	◌ั
ป	◌ี	น	น	น	บ	ฟ	ป	ก	ง	น	น	ม	ศ	น
ย	ย	ท	อ	า	ข	ก	ด	ร	ห	จ	ย	ภ	จ	พ
ก	ก	◌ิ	ไ	◌ั	ค	ศ	า	า	า	◌ั	า	า	◌ิ	ฤ
ม	ล	◌ิ	พ	พ	ง	ม	ห	ค	ค	น	ย	พ	ก	ห
ฝ	ช	ฏ	ธ	ร	ร	ค	◌์	ม	ม	ท	น	◌ั	า	◌ั
ง	ะ	ป	พ	ฟ	◌์	ฝ	า	แ	ต	ร	ก	น	ย	ส
ม	◌ิ	ถ	◌ุ	น	า	ย	น	ร	◌ุ	◌์	ร	ธ	น	บ
เ	ร	จ	น	ภ	ส	ภ	บ	ร	ล	ภ	ก	◌์	ไ	ด
ฉ	ด	ห	◌ั	ห	เ	ญ	ณ	ว	า	ต	ฎ	ว	ว	◌ี
ญ	ไ	◌ี	ว	ด	น	ฟ	ง	ห	ค	ค	า	ะ	ฟ	ธ
ต	ล	ว	อ	ช	◌ั	พ	ห	ภ	ม	บ	ค	ถ	ห	ฉ
า	ณ	ล	ฝ	น	ว	ว	แ	ศ	บ	บ	ม	ช	ต	ถ
ด	ฉ	ซ	พ	น	ว	◌ั	น	ศ	◌ุ	ก	ร	◌์	ฉ	ร

สิงหาคม
วันอังคาร
วันพฤหัสบดี
กุมภาพันธ์
ปี
มกราคม
กรกฎาคม
มิถุนายน
ปฏิทิน
เดือน
วันจันทร์
มีนาคม
พฤศจิกายน
ตุลาคม
กันยายน
วันศุกร์
สัปดาห์
วันพุธ
วันเสาร์

48 - Beeldende Kunsten

ป	ไ	เ	ง	อ	ม	ม	◌ุ	ม	ล	◌์	◌ิ	ฟ	ศ	เ
ท	ร	ล	◌้	อ	ค	◌์	ป	ร	ะ	ก	อ	บ	◌ิ	ซ
ะ	ะ	ะ	◌ั	ส	ไ	ว	ม	แ	ข	ภ	เ	ส	ล	ร
น	ฝ	น	ต	น	า	ร	บ	ถ	◌ี	า	ก	ถ	ป	า
ถ	ก	แ	ว	◌ิ	ม	ม	ย	ช	◌้	พ	อ	า	◌ิ	ม
ร	ย	ฝ	น	ด	ม	เ	ร	แ	ผ	ถ	เ	ป	น	◌ิ
ฟ	ณ	ฝ	แ	ง	น	า	◌่	ถ	◌ึ	◌่	น	◌ั	ก	ก
ส	เ	ต	น	ซ	◌ิ	ล	ก	แ	◌้	า	◌้	ต	ญ	แ
ป	ร	ษ	บ	ช	ภ	บ	ส	ร	ง	ย	◌ิ	ย	ย	ไ
ล	า	เ	แ	ไ	เ	า	เ	ว	ร	ห	ช	ก	ด	ษ
แ	ช	ก	ไ	บ	ค	ง	พ	เ	น	ม	น	ร	จ	ก
ต	ล	ก	ก	◌์	ล	อ	ช	ว	แ	า	า	ร	ห	ฟ
ท	ข	า	ศ	า	ย	า	ล	ค	า	เ	ง	ม	ง	ซ
ม	ม	เ	ฉ	น	◌์	ห	พ	ต	ฉ	ด	ล	า	ล	ล
เ	ค	ร	◌ื	◌่	อ	ง	ด	◌ิ	น	เ	ผ	า	ไ	ข

เครื่องดินเผา
สถาปัตยกรรม
ศิลปิน
ประติมากรรม
ฟิล์ม
ภาพถ่าย
ถ่าน
เซรามิก
เคลย์
ชอล์ก
ผลงานชิ้นเอก
ปากกา
มุมมอง
แนวตั้ง
ดินสอ
ค์ประกอบ
ภาพวาด
สเตนซิล
ขี้ผึ้ง

49 - Menselijk Lichaam

ว	ษ	น	ง	อ	ม	ส	◌ู	ห	ค	อ	ร	ข	ล	ท
ะ	ข	◌้	อ	ศ	อ	ก	ค	◌ั	ง	า	ข	า	ภ	ว
แ	ม	◌ิ	◌้	ล	ถ	ห	อ	ว	ไ	เ	ง	ก	ท	ไ
จ	อ	ล	ท	ท	ม	ล	ผ	◌ิ	ส	ซ	า	ร	ษ	ข
ธ	ฉ	ย	ท	ล	ห	ต	น	ผ	ป	ก	ท	ร	ค	ถ
ข	◌้	อ	เ	ท	◌้	า	ฟ	ย	ฟ	แ	จ	ไ	อ	ฟ
ต	น	ร	ป	บ	ธ	จ	ด	ธ	จ	ล	ญ	ก	เ	ว
ต	ม	ข	า	ซ	ส	ญ	ง	ก	ค	ม	ณ	ร	า	ไ
ถ	ง	ไ	ก	เ	ห	า	ษ	ญ	เ	อ	◌ู	ง	ณ	ห
แ	ด	ม	ฟ	ล	ฉ	◌ั	ท	อ	ข	า	ท	ก	ณ	า
ะ	ห	◌ื	บ	◌ื	ว	า	ว	ล	◌่	ล	ห	ไ	ฝ	เ
ช	ฝ	อ	ด	อ	ว	จ	◌้	ไ	า	เ	ค	ะ	ป	ศ
ซ	ท	ไ	จ	ด	ไ	ส	◌ิ	ธ	จ	ช	ท	ย	ท	ไ
บ	ด	ก	ธ	ร	ภ	ส	น	ล	ก	ศ	ถ	ค	อ	ย
า	ภ	พ	ถ	บ	ด	ป	ฉ	เ	ส	บ	บ	ศ	ซ	ข

ขา
เลือด
ข้อศอก
ข้อเท้า
มือ
หัวใจ
สมอง
หัว
ผิว
ขากรรไกร
คาง
เข่า
ท้อง
ปาก
คอ
จมูก
หู
ไหล่
ลิ้น
นิ้ว

50 - Energie

ช	ด	ณ	ข	ส	ไ	ค	ต	ค	ไ	พ	แ	ณ	ล	ไ
เ	◌ี	อ	า	จ	ร	ฟ	ว	พ	ง	ไ	ไ	ป	ท	ฮ
ม	เ	อ	ธ	ธ	ซ	ฉ	ฟ	า	า	◌ี	แ	ธ	ช	โ
ฝ	ซ	ห	◌ุ	ญ	ส	ภ	ศ	◌้	ม	ป	บ	◌่	ผ	ด
จ	ล	ฟ	ย	ต	ข	ผ	ไ	ภ	า	ร	◌ำ	◌ี	ย	ร
ม	ล	พ	◌ิ	ษ	ส	เ	บ	ย	า	ท	◌้	ร	ร	เ
ล	ฉ	ย	ล	ไ	ข	า	ว	ป	า	โ	น	อ	า	จ
ข	แ	ม	ร	ซ	ต	ะ	ห	ศ	ด	น	อ	ต	น	น
ณ	ว	ข	น	ห	◌ั	ง	◌ั	ก	จ	อ	ไ	เ	อ	ค
ท	ด	แ	ท	น	ถ	ณ	ล	แ	ร	เ	อ	ต	ต	า
เ	ช	◌ี	◌้	อ	เ	พ	ล	◌ิ	ง	ร	พ	บ	ฟ	ร
ส	◌ิ	◌่	ง	แ	ว	ด	ล	◌้	อ	ม	ม	แ	โ	◌์
เ	ค	ร	◌ี	◌่	อ	ง	ย	น	ต	◌์	ด	ไ	ข	บ
ล	บ	ะ	ณ	ม	น	อ	ร	ต	ก	ล	◌็	เ	◌ิ	อ
ม	ฝ	แ	ะ	ไ	ร	◌์	ย	ล	◌ี	ค	เ	ว	◌ิ	น

แบตเตอรี่
เชื้อเพลิง
ดีเซล
ไฟฟ้า
อิเล็กตรอน
เอนโทรปี
โฟตอน
ทดแทน
อุตสาหกรรม
คาร์บอน
เครื่องยนต์
นิวเคลียร์
สิ่งแวดล้อม
ไอน้ำ
กังหัน
มลพิษ
ความร้อน
ไฮโดรเจน
ลม

51 - Familie

บ	ข	บ	ข	ไ	ย	ส	ณ	ล	ว	ฟ	ค	ฟ	ไ	ป
ร	แ	า	ค	ช	า	า	ย	ร	ร	ภ	ค	น	อ	◌้
ร	ม	ป	ไ	ณ	ช	ม	ย	า	ช	น	า	ล	ห	า
พ	◌่	◌ู	อ	ค	ง	◌ี	ข	ญ	ไ	พ	า	น	ห	น
บ	ฟ	◌่	น	ท	อ	◌ุ	พ	◌่	อ	ก	ร	ล	ล	◌้
◌ุ	อ	ล	ฟ	ถ	◌้	ษ	ล	ผ	ถ	เ	ฝ	ข	ห	อ
ร	ฝ	◌ู	ห	ษ	น	ถ	บ	ผ	ภ	ภ	ไ	ไ	จ	ง
◌ุ	า	ก	ธ	ะ	บ	ก	ฟ	ห	ฉ	เ	ภ	ต	ผ	ส
ษ	แ	ส	ว	◌ั	ย	เ	ด	◌็	ก	ด	ข	ผ	ฟ	า
ะ	ฝ	า	า	ญ	ะ	จ	ถ	ไ	พ	◌็	ธ	ผ	จ	ว
ย	ด	ว	ส	ไ	ค	ห	ณ	ย	อ	ก	ง	ต	ย	ธ
ม	ถ	ภ	น	ะ	ษ	ะ	ฟ	ณ	ฟ	ภ	ธ	า	ห	ะ
ฟ	ณ	ย	า	จ	ฝ	ง	จ	า	ษ	แ	ส	พ	ธ	ห
จ	ร	ว	ล	ม	ม	ฟ	ผ	อ	ค	า	ช	ษ	ไ	ร
ญ	ศ	ภ	ห	น	ง	ง	แ	พ	ษ	ค	แ	ศ	ณ	ช

น้องชาย
ลูกสาว
ยาย
วัยเด็ก
เด็ก
หลาน
สามี
แม่
หลานชาย
หลานสาว
ลุง
ปู่
ป้า
ฝาแฝด
พ่อ
บรรพบุรุษ
ภรรยา
น้องสาว

52 - Gebouwen

ส	ก	ไ	ผ	า	ด	โ	ห	ข	ฝ	ไ	ร	เ	ย	แ
ด	น	ค	ซ	ธ	ว	แ	ร	แ	ท	ด	ผ	ต	ส	แ
ห	ว	า	ด	◌ู	ด	อ	ห	ง	พ	ส	ม	◌็	พ	ไ
บ	โ	น	ม	ร	แ	ง	ร	โ	ร	จ	ณ	น	◌ิ	อ
◌้	ร	ง	น	ก	ไ	ะ	ย	ณ	ไ	ถ	น	ท	พ	ผ
า	ง	ร	น	จ	◌ี	ย	ล	ท	ล	ล	ม	◌์	◌ิ	โ
น	เ	โ	ว	ต	อ	ฬ	◌ั	ฟ	ศ	น	◌้	ป	ธ	ร
ร	ร	ค	ต	ะ	ว	ส	า	โ	า	ฝ	เ	ม	ภ	ง
ย	◌ี	น	จ	ว	ท	ถ	ย	ร	ษ	ร	ท	ฟ	◌ั	ล
แ	ย	ซ	ช	ค	อ	า	ท	ง	น	ท	◌์	ะ	ณ	ะ
ช	น	ม	ช	เ	ฝ	น	◌ิ	ง	แ	ย	ร	ม	ฑ	ค
ป	ร	า	ส	า	ท	ท	ว	า	ไ	ฝ	า	ร	◌์	ร
ะ	ล	ห	ฟ	ณ	ข	◌ู	า	น	จ	ส	พ	ไ	ห	ต
า	ห	◌้	า	ง	ไ	ต	ห	ป	ผ	ย	อ	ค	อ	ห
ถ	ซ	ซ	ย	ง	จ	ธ	ม	บ	น	ฝ	ฝ	ณ	น	ธ

สถานทูต
อพาร์ทเม้น
ฟาร์ม
ห้าง
โรงงาน
โรงรถ
โรงแรม
บ้าน
ปราสาท
พิพิธภัณฑ์
หอดูดาว
โรงเรียน
โรงนา
สนามกีฬา
เต็นท์
โรงละคร
หอคอย
มหาวิทยาลัย

53 - Kunst

ไ	ป	ล	ซ	ส	บ	ท	ก	ว	◌ี	ภ	ธ	ป	ท	ร
ย	พ	ะ	ว	ไ	◌่	น	ธ	น	น	ซ	ก	ย	ถ	ไ
◌์	ร	ง	ฉ	ส	ไ	ว	ญ	ท	เ	บ	ภ	า	พ	ห
ต	ค	ไ	ธ	ป	ต	ม	น	เ	ร	◌ื	◌่	อ	ง	ส
ส	ต	◌้	น	ฉ	บ	◌ั	บ	ต	า	ง	ช	ย	ส	◌่
◌ั	ร	ค	ถ	ณ	◌์	ษ	ก	ล	◌ั	ญ	◌ั	ส	ไ	ว
อ	า	◌้	า	ธ	ล	ฉ	ร	ษ	ถ	ว	ฟ	ว	ธ	น
◌่	แ	ป	า	ล	ป	ท	ซ	ธ	ไ	ณ	อ	า	ฟ	ป
◌ี	ก	อ	อ	ง	ด	ส	แ	ร	า	ก	า	ด	ง	ร
ซ	อ	ผ	ค	◌ิ	ม	า	ร	ซ	เ	น	ร	ภ	◌่	ะ
ฟ	ฉ	เ	ห	ช	ะ	ธ	ว	ศ	ญ	ภ	ม	า	า	ก
ก	ง	า	ณ	ร	อ	พ	ง	พ	ไ	ร	ณ	พ	ย	อ
ซ	◌ั	บ	ซ	◌้	อ	น	ธ	ร	า	ซ	◌์	บ	แ	บ
บ	ถ	ย	ภ	เ	ษ	ข	ถ	ห	ป	ภ	ว	ด	แ	ณ
ส	ถ	◌ิ	ต	ย	ศ	า	ส	ต	ร	◌์	ฟ	ฟ	ย	ง

ซับซ้อน
สร้าง
ง่าย
ชื่อสัตย์
อารมณ์
เซรามิค
เรื่อง
ต้นฉบับ
ส่วนตัว
บทกวี
วาดภาพ
ส่วนประกอบ
ภาพวาด
สถิตยศาสตร์
สัญลักษณ์
การแสดงออก
ภาพ

54 - Beroepen #1

เ	น	น	◌ั	ก	ด	า	ร	า	ศ	า	ส	ต	ร	◌์
ซ	อ	◌ั	ไ	ท	น	า	ย	ค	ว	า	ม	ด	า	แ
ญ	ฉ	ก	ก	เ	ห	น	ต	ภ	ธ	ฮ	ส	◌ั	พ	แ
ะ	พ	ษ	อ	ก	ณ	ผ	น	ช	ผ	◌ั	◌ั	บ	อ	ข
น	ว	เ	แ	◌ั	◌ี	ฉ	ไ	พ	ท	น	ต	เ	ช	ญ
ต	อ	บ	พ	ก	ค	ฬ	ธ	ย	ศ	เ	ว	พ	◌่	น
อ	ฝ	ร	ฟ	น	ณ	ร	า	ภ	ล	ต	แ	ล	า	◌ั
น	ต	◌้	เ	ก	◌ั	น	ร	ก	ฉ	อ	พ	◌ิ	ง	ก
พ	ย	า	บ	า	ล	ก	ล	า	ฝ	ร	ท	ง	ป	เ
อ	◌ั	ญ	ม	ณ	◌ี	ส	ด	เ	ช	◌์	ย	ภ	ร	ป
เ	ภ	ส	◌ั	ช	ก	ร	ข	น	ง	ท	◌์	บ	ะ	◌ี
น	า	ย	ธ	น	า	ค	า	ร	ต	ฟ	◌ู	ศ	ป	ย
ด	แ	ร	ษ	ห	ษ	ป	ม	เ	ะ	ร	ร	ต	า	โ
ธ	ษ	ณ	ม	ม	ญ	ช	◌่	า	ง	ส	◌ี	ศ	น	น
บ	อ	ฉ	ไ	อ	บ	ร	ร	ณ	า	ธ	◌ิ	ก	า	ร

ทนายความ
เอกอัครราชทูต
เภสัชกร
นักดาราศาสตร์
นักกีฬา
นายธนาคาร
ดับเพลิง
นักเต้น
สัตวแพทย์
หมอ
บรรณาธิการ
ฮันเตอร์
อัญมณี
ช่างประปา
ช่าง
นักดนตรี
นักเปียโน
พยาบาล

55 - Antarctica

ษ	อ	า	ค	ะ	ช	บ	เ	อ	ษ	ส	ว	แ	ค	แ
◌์	ส	◌่	ภ	แ	ษ	ร	พ	◌ุ	บ	◌ิ	◌ิ	ร	อ	ง
ก	ร	อ	า	ห	ด	◌์	น	ณ	ย	◌่	ท	◌่	ต	ต
ร	ช	น	ร	ว	ษ	ย	ก	ห	ต	ง	ย	ธ	บ	ฉ
◌ั	ญ	ค	ง	ศ	อ	◌ี	ว	ภ	ว	แ	า	า	ข	ข
◌ุ	ท	ว	◌ี	ป	ท	ซ	◌ิ	◌ู	ถ	ว	ศ	ต	ซ	เ
น	ป	ค	ะ	ก	า	เ	น	ม	ธ	ด	า	◌ุ	ข	◌ำ
อ	ด	น	ข	ห	ง	า	ะ	◌ิ	ป	ล	ส	ะ	ร	◌้
ร	เ	ผ	น	ค	ไ	ล	ฝ	ร	ว	◌้	ต	า	◌ุ	น
า	ะ	ธ	ฝ	ต	ซ	ก	ถ	ว	ป	อ	ร	ก	ข	◌้
ก	า	ร	เ	ด	◌ิ	น	ท	า	ง	ม	◌์	เ	ร	◌ำ
ภ	◌ู	ม	◌ิ	ศ	า	ส	ต	ร	◌์	ญ	◌ิ	◌่	ะ	แ
ศ	น	◌ั	ก	ว	◌ิ	จ	◌ั	ย	ซ	ช	ด	◌ู	ว	ข
ก	า	ร	โ	ย	ก	ย	◌้	า	ย	ม	ษ	ม	ภ	◌็
เ	ม	ฆ	ข	ค	า	บ	ส	ม	◌ุ	ท	ร	ห	ท	ง

อ่าว
การอนุรักษ์
ทวีป
หมู่เกาะ
การเดินทาง
ภูมิศาสตร์
กลาเซียร์
น้ำแข็ง
การโยกย้าย
แร่ธาตุ
สิ่งแวดล้อม
นักวิจัย
เพนกวิน
ขรุขระ
คาบสมุทร
อุณหภูมิ
ภูมิประเทศ
น้ำ
วิทยาศาสตร์
เมฆ

56 - Ballet

ค	น	เ	ย	ผ	ะ	ห	ช	ข	ต	ษ	ศ	จ	ผ	ก
ว	◌ั	ศ	ด	ไ	◌ู	เ	เ	น	ม	แ	◌ิ	◌ั	เ	ล
า	ก	ย	ศ	น	ต	◌้	เ	ก	◌ั	น	ล	ง	เ	◌้
ม	แ	ด	ญ	ท	ไ	ษ	ช	ข	ข	น	ป	ห	ด	า
เ	ต	น	ะ	พ	เ	ค	ฉ	ม	า	ฟ	ะ	ว	◌ี	ม
ข	◌่	ห	ะ	ส	ส	ย	ไ	ฝ	ด	ร	ภ	ะ	◌่	เ
◌้	ง	ท	◌ั	ก	ษ	ะ	า	ย	ฝ	ซ	ว	ภ	ย	น
ม	เ	พ	ส	ธ	ธ	น	ค	ญ	ค	ง	ง	ฝ	ว	◌ี
ข	พ	บ	ก	ค	ส	ญ	ษ	ส	ต	◌ิ	ด	ฝ	ห	◌้
◌้	ล	บ	ว	แ	ม	อ	บ	◌ี	ร	ต	น	ด	ง	อ
น	ง	แ	ส	ด	ง	อ	อ	ก	แ	ฟ	ต	ค	า	แ
ถ	ะ	ป	ะ	แ	ซ	ญ	◌้	น	ย	◌ี	ร	เ	ท	บ
ห	จ	◌ู	ป	ก	ษ	ค	ญ	ซ	ธ	พ	◌ี	ร	า	เ
ถ	ป	ร	ส	ง	◌่	า	ง	า	ม	ส	ท	ร	◌่	ศ
เ	ส	◌ี	ย	ง	ป	ร	บ	ม	◌ื	อ	ณ	ย	ท	เ

เสียงปรบมือ
ศิลปะ
นักแต่งเพลง
นักเต้น
แสดงออก
ท่าทาง
ความเข้มข้น
บทเรียน
ดนตรี
วงดนตรี
ผู้ชม
ซ้อม
จังหวะ
สง่างาม
เดี่ยว
กล้ามเนื้อ
รูปแบบ
เทคนิค
ทักษะ

57 - Fruit

ร	ว	ค	ม	ซ	ะ	เ	ณ	ณ	ก	น	◌่	◌ุ	ง	อ
เ	า	อ	ช	บ	ม	ย	น	ว	ษ	◌ี	ซ	ส	จ	า
ช	◌้	ส	ฟ	แ	ด	ว	ฉ	ค	ส	ษ	ว	จ	ต	โ
อ	ร	ม	เ	ะ	ง	◌้	ห	ส	ท	พ	ล	◌ี	เ	ว
ร	พ	ม	ไ	บ	ท	ล	ญ	ฉ	ญ	า	ด	ซ	◌่	ค
◌์	ะ	ล	ไ	ล	อ	ก	ะ	ล	ะ	ม	ร	ฝ	จ	า
ร	ม	◌ั	ล	พ	ค	ร	เ	ค	บ	◌้	ะ	◌ี	ต	โ
◌ี	ถ	ร	ไ	ข	◌ิ	บ	◌์	ร	ธ	ส	ป	ภ	น	ด
◌่	น	แ	พ	ป	ร	ก	ษ	ร	ห	ฉ	ป	ป	ล	ไ
ม	ะ	น	า	ว	ป	ศ	เ	อ	◌ี	ถ	◌ั	แ	ง	พ
ถ	ษ	แ	ว	ป	อ	ผ	ฟ	า	อ	◌่	ส	อ	ว	◌ี
เ	ม	ล	อ	น	แ	เ	บ	อ	ร	◌์	ร	◌ี	◌่	ช
ภ	ฉ	ณ	แ	ภ	ล	◌ู	ก	แ	พ	ร	◌์	ป	ม	แ
แ	อ	ป	เ	ป	◌ิ	◌้	ล	ณ	ภ	ะ	ซ	ร	ะ	อ
ฝ	ศ	ท	ไ	ไ	น	ฝ	เ	ซ	ส	ต	ณ	ธ	ม	ณ

แอปริคอท
สัปปะรด
แอปเปิ้ล
อาโวคาโด
กล้วย
เบอร์รี่
มะนาว
องุ่น
ราสเบอร์รี่
เชอร์รี่
กีวี่
มะพร้าว
มะม่วง
เมลอน
เนคทารีน
ส้ม
มะละกอ
ลูกแพร์
พีช
พลัม

58 - Engineering

แ	ษ	ธ	น	ผ	ซ	ก	ศ	ด	ง	เ	ค	โ	ค	แ
ภ	ผ	จ	ต	ย	น	า	ภ	ห	เ	ค	ว	ค	ว	ร
เ	ณ	น	ด	◌ั	ว	ร	า	ก	ม	ร	า	ร	า	ง
ก	ค	ณ	ภ	ศ	อ	ค	ไ	ข	◌ุ	◌ี	ม	ง	ม	แ
ไ	า	ร	ว	า	ณ	◌ำ	แ	อ	ม	◌่	ม	ส	ล	ร
ง	ภ	ร	◌ื	ผ	พ	น	ก	ง	ะ	อ	◌ั	ร	◌ึ	ง
ว	ง	ษ	ก	◌่	า	ว	น	เ	ฟ	ง	◌่	◌้	ก	เ
ไ	เ	ก	ณ	ร	อ	ณ	น	ห	ย	ย	น	า	ห	ส
ข	น	จ	ง	ป	ะ	ง	จ	ล	อ	น	ค	ง	ถ	◌ี
น	◌ุ	บ	ต	ว	ป	จ	จ	ว	ห	ต	ง	ว	พ	ย
ช	ม	◌ั	เ	ว	อ	ว	า	◌ั	ภ	◌์	ผ	ญ	ผ	ด
ท	ห	ข	ด	◌ี	เ	ซ	ล	ย	ก	น	ค	ะ	ต	ท
ต	ร	ง	า	ร	◌้	ส	อ	◌่	ก	ร	า	ก	ห	า
ก	า	ร	เ	ค	ล	◌ี	◌่	อ	น	ไ	ห	ว	น	น
ภ	ก	แ	ฝ	ท	พ	ล	◌ั	ง	ง	า	น	ช	ว	อ

แกน
การคำนวณ
การเคลื่อนไหว
การก่อสร้าง
แผนภาพ
ความลึก
ดีเซล
การกระจาย
พลังงาน
มุม
แรง
เครื่องจักร
การวัด
เครื่องยนต์
การหมุน
ความมั่นคง
โครงสร้าง
ของเหลว
แรงขับ
แรงเสียดทาน

59 - Literatuur

ผ	เ	ศ	บ	า	ล	ร	ค	ณ	ต	ข	ซ	ย	ย	ภ
◌ู	ร	า	ะ	ช	ย	จ	ณ	ด	◌ิ	บ	ม	◌ี	ธ	จ
◌้	◌ี	ญ	น	◌็	ห	เ	ม	า	ว	ค	ร	ก	ษ	บ
เ	◌่	ค	ม	น	ส	ผ	◌ั	ม	◌ั	ส	ร	แ	ร	ท
ข	อ	◌ี	ก	อ	◌็	ล	า	น	ะ	อ	ก	ส	◌ู	ส
◌ี	ง	น	ว	ล	ท	ภ	เ	ะ	ร	ป	ฏ	ล	ป	ร
ย	เ	ล	◌ิ	ก	ค	◌ำ	อ	◌ุ	ป	ม	า	◌ั	แ	◌ุ
น	ล	บ	ศ	ย	ท	อ	ย	บ	ว	บ	น	ก	บ	ป
ค	◌่	ร	ร	ส	า	บ	ไ	จ	◌ี	ไ	ก	ษ	บ	ไ
ล	า	ร	ไ	ฝ	แ	ย	จ	ซ	ช	ฝ	ศ	ณ	จ	จ
ข	ถ	บ	ท	พ	◌ู	ด	ฟ	ส	บ	ข	โ	ะ	◌ั	ซ
ก	า	ร	ว	◌ิ	เ	ค	ร	า	ะ	ห	◌์	ธ	ง	จ
ท	ป	ผ	◌ู	◌้	บ	ร	ร	ย	า	ย	ข	ง	ห	ซ
จ	ข	ร	ผ	ไ	ห	ท	ฟ	ด	ว	ร	ภ	ผ	ว	น
ษ	ธ	ท	แ	ศ	ล	ฟ	จ	ณ	ซ	ต	ไ	ช	ะ	ส

อะนาล็อก
การวิเคราะห์
ผู้เขียน
ชีวประวัติ
บทสรุป
บทพูด
กลอน
ประเภท
ความเห็น
คำอุปมา
ลักษณะ
บทกวี
สัมผัส
จังหวะ
นิยาย
รูปแบบ
ธีม
โศกนาฏกรรม
เรื่องเล่า
ผู้บรรยาย

60 - Technologie

ซ	ไ	พ	ร	บ	ฝ	ษ	แ	ด	ห	ญ	ผ	แ	ห	ห
ท	อ	ด	ญ	ว	◌ิ	จ	◌ั	ย	◌ิ	ค	ษ	ล	า	น
ค	ก	ฟ	ร	ด	า	ไ	ธ	ส	ช	จ	แ	ร	พ	◌้
เ	อ	ล	ต	ส	ถ	◌ิ	ต	◌ิ	ร	ต	◌ิ	พ	ก	า
ค	◌็	ม	อ	◌์	ต	บ	ไ	ห	◌์	ต	ส	ท	ย	จ
อ	ล	◌ู	พ	พ	แ	ป	ย	ว	อ	ข	ง	แ	◌ั	อ
ร	บ	อ	จ	◌ิ	ช	ว	ว	ว	ซ	◌้	ญ	ต	ภ	ล
◌์	ฟ	◌้	ภ	บ	ว	อ	ร	ก	เ	อ	ไ	ณ	ด	า
เ	ฟ	ข	ส	ม	า	เ	ว	◌์	◌์	ค	ภ	ร	อ	ฝ
ซ	ส	ร	◌ั	ม	ภ	ส	ต	น	ว	ว	ซ	ก	ล	ท
อ	ว	ย	ร	ษ	ะ	ไ	ถ	อ	า	า	ซ	ล	ป	จ
ร	ว	ห	ว	ญ	ด	า	ก	◌ี	ร	ม	ด	◌้	ม	น
◌์	ล	ฟ	ไ	ก	ส	จ	ป	ม	บ	◌์	พ	อ	า	ถ
แ	บ	บ	อ	◌ั	ก	ษ	ร	ส	เ	ฉ	แ	ง	ว	ไ
อ	◌ิ	น	เ	ท	อ	ร	◌์	เ	น	◌็	ต	ค	ค	ะ

ข้อความ
ไฟล์
บล็อก
เบราว์เซอร์
ไบต์
กล้อง
คอมพิวเตอร์
เคอร์เซอร์
ดิจิทัล
ข้อมูล
อินเทอร์เน็ต
แบบอักษร
วิจัย
หน้าจอ
ซอฟต์แวร์
สถิติ
ความปลอดภัย
เสมือน
ไวรัส

61 - Boeken

ร	ฝ	ผ	ห	เ	อ	ฟ	ฟ	ป	ป	ผ	ท	ต	ก	ผ
ต	ป	◌ู	น	ช	ข	ท	บ	◌ิ	ร	บ	◌ี	ล	า	◌ู
อ	แ	◌้	◌้	ม	แ	◌ี	ษ	ถ	ะ	เ	◌่	ก	ร	◌้
ศ	ฟ	เ	า	ร	ส	ต	ย	า	ว	ถ	เ	ค	ผ	บ
ญ	ถ	ข	พ	ร	ล	ผ	ว	น	◌ั	ป	ก	ย	จ	ร
ล	ศ	◌ี	ว	ก	ท	บ	า	อ	ต	ค	◌ี	า	ญ	ร
เ	ป	ย	ด	ณ	ะ	ห	ร	ล	◌ิ	แ	◌่	ย	ภ	ย
ญ	ค	น	ย	ร	ย	ป	ง	ถ	ศ	อ	ย	◌ิ	◌ั	า
ฉ	ล	น	ศ	ร	ก	ล	อ	น	า	ว	ว	น	ย	ย
ง	ญ	ห	ถ	ว	ญ	ช	◌่	ป	ส	บ	ข	า	ด	ท
ม	ก	อ	ก	ก	ภ	ป	◌ี	ต	ต	อ	◌้	อ	ะ	ช
า	ฐ	◌์	ษ	◌ิ	ด	ะ	ร	ป	ร	ฉ	อ	◌่	อ	ฟ
ธ	ธ	อ	เ	ะ	ก	ต	เ	ษ	◌์	ไ	ง	◌้	เ	ซ
ช	◌ุ	ด	ค	ว	า	ม	เ	ป	◌็	น	ค	◌ู	◌่	า
ม	ห	า	ก	า	พ	ย	◌์	ย	ะ	ณ	ฟ	ผ	ภ	ต

ผู้เขียน
การผจญภัย
หน้า
ชุด
บริบท
ความเป็นคู่
มหากาพย์
กลอน
เขียน
ประวัติศาสตร์
ตลก
ประดิษฐ์
ผู้อ่าน
วรรณกรรม
บทกวี
ที่เกี่ยวข้อง
นิยาย
อนาถ
เรื่องราว
ผู้บรรยาย

62 - Meer Informatie

ก	◌ี	ย	ล	โ	น	โ	ค	ท	เ	ส	ล	ด	ป	อ
ด	า	ต	ง	ว	ล	พ	า	ภ	พ	ถ	◌ื	◌ิ	า	น
อ	า	แ	ด	ว	ญ	ส	ศ	ษ	◌้	า	ก	ส	ไ	า
ส	ศ	ว	ล	ษ	ง	ป	ท	ศ	อ	น	ล	โ	ฟ	ค
◌ี	◌ุ	ช	เ	ก	ล	โ	พ	ส	ฝ	ก	◌ั	ท	ป	ต
ง	ไ	ด	ไ	ค	ซ	ส	บ	ะ	◌ั	า	บ	เ	น	◌์
◌ั	ป	ช	ข	แ	ร	◌ี	ษ	ป	น	ร	ญ	ป	ศ	น
น	ไ	ภ	ด	◌ี	ญ	า	◌่	ช	ส	ณ	ล	◌ี	น	ย
ห	ญ	ส	ค	ษ	ด	ไ	ะ	ไ	ว	◌์	ณ	ย	ฟ	น
ะ	บ	◌ิ	โ	ค	ล	น	ห	ห	ณ	ผ	พ	ท	น	◌่
ต	ส	ท	ศ	อ	ร	อ	ภ	ถ	◌์	ว	อ	อ	ไ	◌ุ
ะ	ส	ธ	ย	◌ู	โ	ท	เ	ป	◌ี	ย	ก	ป	ม	ห
ฉ	พ	◌ิ	โ	ร	ง	ภ	า	พ	ย	น	ต	ร	◌์	ศ
บ	ง	◌์	ณ	ะ	ก	า	ร	ร	ะ	เ	บ	◌ิ	ด	ซ
จ	ม	ห	◌ั	ศ	จ	ร	ร	ย	◌์	อ	จ	เ	ห	ด

โรงภาพยนตร์
หนังสือ
ไฟ
เพ้อฝัน
ดิสโทเปีย
การระเบิด
สุดขีด
มหัศจรรย์
อนาคต
ภาพลวงตา
โคลน
ลึกลับ
สิทธิ์
ดาวเคราะห์
หุ่นยนต์
สถานการณ์
กาแลกซี่
เทคโนโลยี
ยโทเปีย
โลก

63 - Haartypes

ม	ถ	ห	ศ	ศ	ต	ไ	ช	ง	ศ	เ	ง	า	พ	ส
ห	ฝ	ป	บ	า	ษ	ส	ง	ธ	ว	ซ	◌้	น	ช	◌ี
ส	◌ั	ย	า	ว	า	ข	ส	◌ั	◌้	น	ห	ห	ม	น
า	◌ี	ว	ง	ค	ง	ร	แ	ง	◌็	ข	แ	า	แ	◌้
ข	ถ	เ	ล	า	เ	ฝ	พ	า	ช	ป	ม	◌ำ	ด	◌ำ
น	◌ั	ภ	ท	◌้	ร	ส	◌ี	บ	ล	อ	น	ด	◌์	ต
ษ	ก	ณ	ะ	า	า	ส	ม	ภ	ไ	ถ	◌ุ	◌ี	ษ	า
ธ	ว	เ	ง	◌ิ	น	น	ต	แ	ค	บ	◌่	ส	น	ล
ซ	ว	ผ	เ	ซ	ค	ต	น	ณ	ง	อ	น	ด	ฝ	ถ
ถ	ส	ไ	แ	ซ	ไ	ส	ล	ธ	พ	พ	อ	ถ	ข	ค
ก	ช	ม	ป	ณ	ไ	ญ	ป	ย	ต	ก	◌่	ช	ย	ข
ส	ไ	ญ	น	ฉ	ซ	ป	ศ	จ	ถ	◌ั	อ	ก	ญ	ป
ช	ฉ	ข	ร	ไ	พ	ย	น	น	ห	ย	◌ิ	ก	ม	ม
ป	ษ	ะ	พ	ต	ฉ	ต	า	ภ	ส	ห	จ	ก	ฟ	ม
ล	ะ	อ	อ	ษ	ธ	ะ	ษ	ร	ศ	◌ี	ง	◌ั	น	ห

สีบลอนด์
สีน้ำตาล
หนา
แห้ง
บาง
สี
ถัก
แข็งแรง
เงา
หยัก
สีเทา
หนังศีรษะ
หัวล้าน
สั้น
หยิก
ยาว
ขาว
อ่อนนุ่ม
เงิน
สีดำ

64 - Stad

ม	ส	ด	า	ล	ต	ร	ซ	ฉ	ก	แ	พ	ฝ	ม	ว
โ	น	ม	อ	ผ	น	ป	ไ	ไ	ส	ก	◌ิ	ร	ห	◌์
ร	า	◌ุ	โ	ก	น	◌ิ	◌ิ	ล	ค	ล	พ	◌้	า	ต
ง	ม	ส	พ	ร	ไ	ด	า	ส	ใ	เ	◌ิ	า	ว	◌ั
ล	บ	ง	เ	ไ	ง	ม	ง	ค	า	ล	ธ	น	◌ิ	ส
ะ	◌ิ	อ	ห	ด	ศ	ภ	◌้	ษ	ธ	อ	ภ	อ	ท	น
ค	น	◌้	ร	ญ	ฉ	ต	า	ด	เ	ร	◌ั	า	ย	ว
ร	ว	ห	ง	อ	ธ	ว	ป	พ	◌ี	◌ี	ณ	ห	า	ส
โ	ร	ง	แ	ร	ม	น	อ	ฝ	ย	◌่	ฑ	า	ล	น
ห	พ	ต	น	ช	ภ	ล	า	ษ	ว	น	◌์	ร	◌ั	า
เ	บ	เ	ก	อ	ร	◌ี	◌่	ค	ฟ	า	ต	ผ	ย	ม
ซ	อ	ส	◌ี	ง	น	◌ั	ห	น	า	◌้	ร	ร	บ	ก
ร	◌้	า	น	ข	า	ย	ย	า	จ	ร	ต	ก	◌์	◌ี
ฟ	ม	ถ	ว	ซ	อ	ภ	ล	น	ท	พ	ห	ท	อ	ฬ
โ	ร	ง	เ	ร	◌ี	ย	น	ะ	ฝ	ง	ฉ	ญ	ไ	า

ร้านขายยา
เบเกอรี่
ธนาคาร
ห้องสมุด
โรงภาพยนตร์
ดอกไม้ดี
ร้านหนังสือ
สวนสัตว์
แกลเลอรี่
โรงแรม
คลินิก
สนามบิน
ตลาด
พิพิธภัณฑ์
ร้านอาหาร
โรงเรียน
สนามกีฬา
โรงละคร
มหาวิทยาลัย
ร้าน

65 - Creativiteit

ฉ	ย	ศ	ส	ต	ไ	ป	ช	ญ	ม	ณ	ซ	ท	ด	ค
ว	ง	ใ	บ	ส	อ	ว	ถ	ช	ภ	ฟ	ฝ	ฝ	ร	ว
เ	ไ	ว	ด	ภ	เ	ผ	ษ	จ	ว	ค	ข	แ	า	า
ด	ล	ธ	ต	ะ	ด	ซ	ธ	◌ิ	พ	ล	◌ั	ง	ม	ม
บ	ม	ป	จ	ไ	◌ี	ถ	ผ	น	ไ	า	ใ	จ	◌่	ร
า	ฟ	ต	ค	ร	ย	น	ม	ต	ซ	ฉ	ภ	พ	า	◌ู
ป	◌์	ณ	ม	ร	า	อ	น	น	ศ	ป	ษ	ฝ	ห	◌้
ป	ร	ะ	ด	◌ิ	ษ	ฐ	◌์	า	ร	ฉ	ล	ว	ร	ส
ป	ร	◌ี	ช	า	◌ิ	ะ	ย	ก	ไ	ห	ล	พ	ร	◌ึ
เ	ป	ป	ก	ณ	ห	น	ษ	า	ท	◌ั	ก	ษ	ะ	ก
ค	บ	จ	ใ	บ	◌ั	ท	ะ	ร	ป	ม	า	ว	ค	ศ
โ	ด	ย	ธ	ร	ร	ม	ช	า	ต	◌ิ	แ	ซ	อ	◌ิ
แ	ร	ง	บ	◌ั	น	ด	า	ล	ใ	จ	ท	ศ	ร	ล
ก	า	ร	แ	ส	ด	ง	อ	อ	ก	ล	◌้	า	บ	ป
ไ	ค	ร	ผ	ค	ว	า	ม	ช	◌ั	ด	เ	จ	น	ะ

ศิลปะ
ภาพ
ดราม่า
แท้
อารมณ์
ความรู้สึก
ความชัดเจน
ไอเดีย
ความประทับใจ
แรงบันดาลใจ
ปรีชา
ประดิษฐ์
โดยธรรมชาติ
การแสดงออก
ทักษะ
จินตนาการ
นิมิต
พลัง
ไหล

66 - Natuur

พ	ผ	ศ	ษ	จ	ม	ก	า	ม	ญ	◌ั	ค	◌ำ	ส	ฉ
จ	ล	ร	ะ	ผ	ม	ญ	ซ	ท	จ	น	ร	ฝ	ง	พ
ฝ	อ	ว	◌่	ฟ	ย	ล	ป	ด	ต	ช	ต	ว	บ	ฝ
ร	ย	◌์	◌ั	อ	ฉ	ช	ม	ฝ	ธ	ท	ไ	า	ง	ร
ก	ย	ต	พ	ต	น	ว	บ	ภ	ซ	◌ี	ะ	ร	ป	ณ
ข	ซ	◌ั	ค	ถ	ม	จ	ถ	◌ู	ล	◌่	ด	จ	ย	า
◌ำ	ศ	ส	ผ	จ	ฝ	อ	ภ	เ	ณ	ห	ธ	ม	ท	ล
น	แ	น	◌ื	เ	ม	ฆ	ะ	ข	ธ	ล	เ	ห	ผ	พ
◌้	◌ิ	ณ	◌้	ม	ไ	บ	ไ	า	ป	บ	ข	ม	ร	ล
◌่	อ	◌่	ง	ห	น	◌้	า	ผ	า	ภ	ต	อ	ล	ข
ม	ม	า	ง	ม	า	ว	ค	อ	◌่	◌ั	ร	ก	บ	ซ
แ	ท	ะ	เ	ล	ท	ร	า	ย	ป	ย	◌้	ธ	น	ศ
อ	า	ร	◌์	ก	ต	◌ิ	ก	ว	ถ	ค	อ	ท	บ	เ
ภ	ง	ศ	ภ	ช	ง	ข	◌็	แ	◌ำ	◌้	น	ร	า	ธ
ร	ม	ว	ป	ค	ไ	ฟ	แ	ฝ	ณ	ต	ข	ธ	เ	ณ

อาร์กติก
ภูเขา
ผึ้ง
ป่า
สัตว์
พลวัต
ร่อน
ใบไม้
ธารน้ำแข็ง
หน้าผา
หมอก
แม่น้ำ
สงบ
ความงาม
ที่หลบภัย
นิ่ง
เขตร้อน
สำคัญมาก
ทะเลทราย
เมฆ

67 - Zoogdieren

ป	ะ	แ	ง	บ	ษ	ภ	ค	ว	ผ	ห	น	ไ	ะ	ณ
ธ	ล	ฬ	◌ิ	น	ท	ส	ง	ต	ษ	ท	จ	ะ	ข	ป
ก	ง	า	ล	ห	เ	◌ิ	บ	◌ี	เ	ว	อ	ร	◌์	ต
โ	อ	ว	โ	ไ	ไ	ง	า	◌้	ช	ษ	ษ	เ	ว	ข
ง	ค	ร	ถ	ล	ค	โ	ฟ	◌็	อ	ก	ซ	◌์	ฝ	ป
ธ	น	โ	◌ิ	ซ	ม	ต	แ	ม	ว	ส	ไ	ณ	ญ	ไ
ด	บ	ล	ย	ล	ด	า	ม	ห	จ	◌ิ	ง	โ	จ	◌้
ซ	ฉ	ณ	า	ต	ล	ร	ก	ถ	ไ	ไ	พ	ญ	ม	ป
แ	ไ	ฟ	◌่	ถ	◌ี	า	◌่	ป	า	ม	ห	ท	ท	ม
ฉ	ฉ	ซ	ต	ะ	อ	◌้	ค	ฟ	น	พ	เ	น	ต	ไ
ผ	ป	ง	ะ	ข	◌ู	ไ	า	ต	ข	ย	ก	ษ	ว	ร
ง	ม	ล	ร	ฝ	ฐ	ค	ฝ	ม	เ	ภ	ว	ฟ	แ	ธ
แ	ะ	า	ก	ผ	ณ	อ	า	ซ	ล	ศ	ธ	ณ	พ	จ
ห	ฝ	จ	ณ	ส	ฉ	แ	บ	ผ	ห	ผ	ณ	ฝ	ะ	ม
ห	ฝ	ฝ	ร	พ	ล	ข	ม	◌้	า	ย	◌ี	ร	า	ฟ

ลิง
บีเวอร์
โคโยตี้
ปลาโลมา
ลา
แพะ
ยีราฟ
กอริลลา
หมา
อูฐ
จิงโจ้
แมว
กระต่าย
สิงโต
ช้าง
ม้า
โค
ฟ็อกซ์
วาฬ
หมาป่า

68 - Overheid

ค	ว	า	ม	เ	ส	ม	อ	ภ	า	ค	ฉ	ผ	ก	แ
ก	ด	เ	ข	ต	จ	ศ	น	ต	น	ศ	ต	ง	า	ค
น	ฎ	ม	จ	ล	ษ	ณ	ช	ธ	อ	บ	ก	ด	ร	ฉ
ค	า	ห	ย	ด	ม	ผ	น	บ	◌ี	ช	อ	ณ	เ	ค
ญ	◌ำ	ไ	ม	บ	ด	ไ	ภ	ง	ร	ร	น	◌์	ม	ว
ล	ซ	พ	พ	า	ภ	◌ี	ร	ส	เ	◌ั	◌ุ	ษ	◌ี	า
ซ	ห	ข	◌ู	ป	ย	ผ	ว	ป	ล	ฐ	ส	ก	อ	ม
น	ม	พ	ณ	ด	เ	ฉ	อ	แ	พ	พ	า	ล	ง	ย
ส	อ	ย	◌่	า	ง	ฉ	า	น	◌้	ห	ว	◌ั	ห	◌ุ
ต	◌ิ	า	ช	บ	◌ั	ด	ะ	ร	จ	ซ	ร	ญ	ศ	ต
ท	ศ	ท	เ	ะ	ร	ป	ผ	ง	บ	แ	◌ี	◌ั	ย	◌ิ
น	า	ไ	ธ	ต	◌ุ	ล	า	ก	า	ร	ย	ส	ต	ธ
ย	ต	ไ	ป	◌ิ	ธ	า	ช	ะ	ร	ป	◌์	ง	บ	ร
ร	◌ั	ฐ	ธ	ร	ร	ม	น	◌ู	ญ	ล	ผ	ถ	ก	ร
เ	ช	ห	ศ	ม	น	ย	ท	ะ	ร	ห	ไ	ษ	ม	ม

พลเรือน
ประชาธิปไตย
อย่าง
ความเสมอภาค
ตุลาการ
ความยุติธรรม
รัฐธรรมนูญ
หัวหน้า
อนุสาวรีย์
ประเทศ
ระดับชาติ
การเมือง
สิทธิ
สงบ
รัฐ
สัญลักษณ์
คำพูด
เสรีภาพ
กฎหมาย
เขต

69 - Voertuigen

◌์	ล	ม	เ	ถ	ร	ร	ไ	จ	ล	ร	ข	ม	ะ	แ
ฝ	ช	ร	ค	ะ	ศ	ถ	ต	ร	พ	ถ	เ	ร	น	ย
ย	ช	◌์	ร	ภ	ค	บ	◌์	ว	ล	แ	ร	เ	น	อ
อ	แ	อ	◌ี	บ	ฟ	ร	น	ด	ภ	ท	◌ี	จ	พ	ส
ว	ธ	ต	◌่	ข	ว	ร	ย	ค	ศ	ร	อ	ร	ร	ซ
ง	ศ	เ	อ	ค	ศ	ท	ง	ร	ห	ก	ฟ	ไ	ถ	ร
ฝ	ณ	ต	ง	ไ	ห	◌ุ	อ	ญ	ค	เ	อ	ฝ	พ	ถ
จ	ล	◌๊	บ	ง	บ	ก	◌่	ท	ว	ต	ซ	ะ	ย	ไ
น	◌ั	◌ู	◌ิ	ป	ม	ด	◌ี	อ	น	อ	ต	ไ	า	ฟ
ฟ	ส	ก	น	า	ว	า	ร	า	ค	ร	ง	ะ	บ	ไ
ศ	ห	ส	ร	ธ	ร	ฉ	ค	น	ล	◌์	ฟ	ะ	า	ต
ซ	ด	ค	ข	ย	ค	ป	เ	ย	ฝ	ะ	ร	ถ	ล	◌้
ด	ญ	ฟ	ท	ฉ	า	แ	ท	◌็	ก	ซ	◌ี	◌่	ซ	ด
ร	บ	ผ	ด	ญ	◌ำ	น	◌้	◌ำ	ด	อ	◌ี	ร	เ	◌ิ
ศ	ษ	ว	ผ	ล	ณ	ล	ย	า	ง	ศ	ค	ไ	ค	น

รถพยาบาล
รถ
ยาง
เรือ
รถเมล์
คาราวาน
จักรยาน
รถไฟใต้ดิน
เครื่องยนต์
เรือดำน้ำ
จรวด
สกู๊ตเตอร์
แท็กซี่
รถแทรกเตอร์
รถไฟ
เครื่องบิน
แพ
รถบรรทุก

70 - Geografie

ร	ะ	ด	◌ั	บ	ค	ว	า	ม	ส	◌ู	ง	ฉ	ห	บ
แ	เ	ส	◌้	น	ศ	◌ู	น	ย	◌์	ส	◌ู	ต	ร	ผ
ย	ผ	จ	ต	ะ	ษ	า	ม	ด	ว	ง	ส	ม	ว	ข
ร	ภ	น	ไ	ป	ไ	ณ	ย	เ	พ	ะ	า	ก	เ	ล
แ	ไ	ฟ	ท	ท	ะ	เ	ล	ฉ	ม	ร	ล	ล	ไ	ร
ธ	ผ	น	ป	◌ี	ว	ท	จ	ไ	ฟ	◌ื	ต	โ	ล	ภ
ก	ด	ย	ป	ม	◌่	ม	ท	ญ	ถ	ญ	อ	ด	ด	ถ
ภ	จ	ด	ง	ด	ญ	ห	◌ิ	ภ	า	ค	แ	ง	ง	ข
ค	◌ู	◌ี	อ	ป	า	า	ศ	ต	ะ	ว	◌ั	น	ต	ก
น	◌ิ	เ	ล	ถ	ป	ส	เ	แ	ม	◌่	น	◌้	◌ำ	ล
บ	ต	◌ิ	ข	ซ	ร	ม	ห	ฉ	ด	บ	จ	ผ	ฟ	โ
ป	ะ	ร	ไ	า	ะ	◌ุ	น	ด	ป	ต	ย	ก	ท	ก
ก	ล	อ	จ	ษ	เ	ท	◌ี	ผ	ท	น	ภ	ง	ป	◌ื
อ	ข	ม	ช	อ	ท	ร	อ	ฉ	า	ข	ธ	ร	น	ซ
ณ	ง	เ	เ	ไ	ศ	ไ	ห	ไ	ต	ภ	ก	ษ	ษ	ญ

แอตลาส
ภูเขา
ละติจูด
ทวีป
เกาะ
เส้นศูนย์สูตร
ซีกโลก
ระดับความสูง
แผนที่
ประเทศ
เมอริเดียน
ทิศเหนือ
มหาสมุทร
ภาค
แม่น้ำ
เมือง
โลก
ตะวันตก
ทะเล
ใต้

71 - Kunstbenodigdheden

ห	ก	อ	า	ม	ถ	ผ	ส	ข	ธ	ะ	ถ	เ	ไ	แ
ผ	ร	ห	ค	แ	โ	อ	ผ	ญ	ศ	ม	ด	ก	ค	บ
น	ะ	ถ	ต	ห	ต	ส	◌ี	ถ	ษ	ข	ล	◌้	ข	พ
◌้	ด	ณ	ก	ธ	◌๊	น	ญ	◌่	บ	ล	ง	า	ย	ต
◌ำ	า	ธ	ล	◌ื	ะ	◌ิ	ม	า	น	◌้	◌ำ	อ	ห	ษ
ม	ษ	ะ	◌้	ญ	ม	ด	ณ	น	ป	ต	ร	◌ี	เ	เ
◌ั	ธ	ศ	อ	ป	พ	ห	ร	ะ	ฉ	ท	า	◌้	ค	ง
น	ใ	ข	ง	อ	ะ	ค	ร	◌ิ	ล	◌ิ	ค	ป	ล	ษ
บ	ก	ย	◌้	ร	พ	า	ส	ซ	ณ	ญ	แ	ฟ	ย	ใ
ป	ก	บ	◌ั	ป	ป	ไ	อ	เ	ด	◌ี	ย	ภ	◌์	ป
ก	บ	ธ	ต	น	ว	แ	ง	ห	อ	อ	บ	ส	ไ	ร
ข	า	ภ	า	เ	ต	ถ	ฟ	ธ	จ	ญ	ฝ	ญ	ว	ป
ม	ง	ว	ข	ไ	ก	ภ	ฝ	ย	ซ	า	ใ	เ	า	ก
ส	◌ี	น	◌้	◌ำ	ธ	ฟ	ศ	พ	ฉ	ะ	ร	ช	ย	ง
ฝ	ษ	ท	ณ	ง	ย	า	ศ	ร	ะ	อ	ม	ะ	ว	อ

อะคริลิค
สีน้ำ
แปรง
กล้อง
ขาตั้ง
ยางลบ
ถ่าน
ไอเดีย
หมึก
เคลย์
สี
กาว
น้ำมัน
กระดาษ
พาส
ดินสอ
เก้าอี้
โต๊ะ
น้ำ

72 - Barbecues

ไ	แ	ซ	ศ	ส	พ	ท	ถ	น	น	ษ	ด	ร	เ	ศ
ส	ก	ค	ร	อ	บ	ค	ร	◌ั	ว	ส	น	◌้	ก	ท
ร	ฝ	◌่	ม	ญ	ไ	ษ	ช	ว	◌ิ	◌้	ต	อ	ล	เ
ก	ส	อ	ซ	ฝ	ส	ซ	ภ	ง	ห	อ	ร	น	◌ี	อ
า	ง	า	◌่	ย	ล	ผ	ว	า	ม	ม	◌ี	า	อ	◌ี
ร	ง	ห	ภ	ง	◌ั	ต	◌ั	ล	า	า	พ	ย	ม	ข
เ	ฟ	า	ภ	ล	ด	ถ	ณ	ก	ว	ฤ	ร	ม	ย	เ
ช	บ	ร	ห	อ	ท	ศ	ว	ร	ค	ด	◌ิ	ร	ห	ะ
◌ี	ส	เ	ก	◌ั	ไ	ธ	ฟ	า	ถ	◌ุ	ก	ข	ม	ม
◌้	ข	ย	ไ	ซ	ว	ข	ไ	ห	ร	ร	ไ	ษ	า	◌ี
อ	เ	◌็	ป	ธ	ง	ห	ห	า	ช	◌้	ท	ผ	ด	ด
เ	บ	น	ป	ฟ	า	ก	อ	อ	ส	อ	ย	ล	ไ	ไ
ช	ค	ท	น	ผ	ภ	อ	ท	ม	ส	น	ก	ไ	ไ	ผ
◌ิ	ม	ฟ	อ	ศ	ซ	ข	ห	ม	ซ	ซ	ว	ม	ไ	ก
ญ	ภ	ฝ	แ	ฟ	ธ	น	ข	ภ	ด	ผ	ม	◌้	ม	ไ

อาหารเย็น
ครอบครัว
ผลไม้
ย่าง
ผัก
ร้อน
ความหิว
ไก่
อาหารกลางวัน
มีด
ดนตรี
พริกไทย
สลัด
ซอส
มะเขือเทศ
หัวหอม
การเชื้อเชิญ
ส้อม
ฤดูร้อน
เกลือ

73 - Schoonheid

ส	ห	ภ	ซ	ห	ผ	ล	◌ิ	ต	ภ	◌ั	ณ	ฑ	◌์	ถ
ณ	◌ี	เ	ส	น	◌่	ห	◌์	◌์	ส	น	ฉ	บ	ณ	◌่
แ	ต	◌่	ง	ห	น	◌้	า	ส	บ	ศ	ส	น	ม	า
ก	จ	ะ	ร	ก	ภ	แ	ษ	◌ิ	ต	ก	ห	ถ	ษ	ย
◌ิ	ร	ม	อ	ห	น	◌่	◌ิ	ล	ก	ล	พ	ซ	ล	ร
ย	ฉ	ร	ช	น	ข	ศ	ว	ต	ช	เ	ซ	ไ	ไ	◌ู
ห	ธ	ฉ	ไ	ธ	ะ	พ	ะ	ไ	ท	ซ	แ	ผ	ไ	ป
ห	ต	ข	า	ก	ล	แ	ฉ	ส	ศ	ไ	ช	ฉ	ฝ	ด
ม	ต	ร	ต	ต	ร	ม	า	ง	ด	ง	ม	า	ว	ค
บ	ฝ	ม	า	ส	ค	า	ร	◌่	า	ญ	พ	พ	ม	ไ
เ	ร	ว	ส	ง	◌่	า	เ	ก	ร	ซ	◌ู	ร	ไ	ษ
ร	ข	◌ิ	ก	ป	ญ	ห	ญ	ต	ข	ข	ญ	ศ	ะ	ซ
◌ี	จ	ผ	ก	ต	◌ิ	ส	ป	◌ิ	ล	ศ	ณ	ฝ	ล	ด
ย	ซ	น	ง	า	อ	◌ำ	ส	ง	อ	◌่	◌ี	ร	ค	เ
บ	ะ	ถ	บ	ซ	ร	ล	แ	อ	ร	ะ	ม	อ	ห	ข

เสน่ห์
เครื่องสำอาง
บริการ
สง่า
ความงดงาม
ถ่ายรูป
เกรซ
กลิ่นหอม
เรียบ
ผิว
สี
หยิก
ลิปสติก
มาสคาร่า
ผลิตภัณฑ์
กรรไกร
แชมพู
กระจก
สไตลิสต์
แต่งหน้า

74 - Wetenschappelijke Discip

ส	ร	◌ี	ร	ว	◌ิ	ท	ย	า	ห	ช	น	ธ	อ	อ
พ	ฤ	ก	ษ	ศ	า	ส	ต	ร	◌์	◌ี	◌ิ	ร	◌ุ	◌ุ
ห	ส	ป	แ	ย	ย	ส	ฟ	ศ	ร	ว	เ	ณ	ณ	ต
◌ุ	◌ั	ร	ร	ช	ท	◌ั	◌ิ	ซ	ต	เ	ว	◌ี	ห	◌ุ
◌่	ง	ะ	◌่	◌ี	ว	ต	ส	ฉ	ส	ค	ศ	ว	พ	น
น	ค	ส	ว	ว	◌ิ	ว	◌ิ	◌์	า	ม	ว	◌ิ	ล	◌ิ
ย	ม	า	◌ิ	ว	ต	ว	ก	ร	ศ	◌ี	◌ิ	ท	ศ	ย
น	ว	ท	ท	◌ิ	◌ิ	◌ิ	ส	ต	ล	ไ	ท	ย	า	ม
ต	◌ิ	ว	ย	ท	จ	ท	◌์	ส	ก	ฟ	ย	า	ส	ว
◌์	ท	◌ิ	า	ย	า	ย	ซ	า	เ	ค	า	ง	ต	◌ิ
ะ	ย	ท	ป	า	ว	า	ต	ศ	ณ	เ	ค	ค	ร	ท
เ	า	ย	ร	ด	ฉ	เ	เ	า	ไ	า	ฝ	ช	◌์	ย
ย	ค	า	ณ	า	ส	ล	อ	ร	ผ	ฉ	ส	ว	ม	า
ม	ท	ม	ต	โ	ภ	ช	น	า	ก	า	ร	ล	ไ	ส
ร	ผ	ฟ	◌ี	ะ	ห	ภ	◌ี	ด	ค	ณ	า	ร	บ	โ

โบราณคดี
ดาราศาสตร์
ชีวเคมี
ชีววิทยา
เคมี
นิเวศวิทยา
สรีรวิทยา
ธรณีวิทยา
กลศาสตร์
อุตุนิยมวิทยา
แร่วิทยา
ฟิสิกส์
ประสาทวิทยา
พฤกษศาสตร์
จิตวิทยา
หุ่นยนต์
สังคมวิทยา
อณหพลศาสตร์
โภชนาการ
สัตววิทยา

75 - Bijvoeglijke Naamwoorden

แ	ข	◌็	ง	แ	ร	ง	ย	ว	ต	ษ	ค	อ	ภ	เ
เ	ม	◌ี	พ	ร	ส	ว	ร	ร	ค	◌์	ร	◌ุ	บ	ป
ผ	ค	น	จ	เ	ต	น	ง	ต	ว	ด	◌ั	ด	ญ	◌็
ฝ	ซ	◌็	ไ	ท	ห	ฝ	น	อ	แ	ร	บ	ม	ส	น
ค	ง	า	ม	บ	น	น	เ	ษ	ซ	ง	ผ	ส	ร	ธ
ญ	ณ	ด	◌ิ	ษ	ว	ง	◌ี	ร	ถ	ป	◌ิ	ม	◌้	ร
ส	พ	ซ	◌ู	ไ	ย	◌่	ว	◌่	แ	ย	ด	บ	า	ร
ะ	ฝ	ย	ภ	ะ	ผ	ว	ม	ป	อ	า	ช	◌ู	ง	ม
ป	ก	ต	◌ิ	ล	ล	ง	ห	ห	จ	ย	อ	ร	ส	ช
ภ	ณ	อ	ก	ต	ร	น	◌ิ	ธ	ไ	ด	บ	ณ	ร	า
ด	ร	า	ม	◌่	า	อ	ว	◌ิ	น	จ	ธ	◌์	ร	ต
ข	ถ	ธ	ป	ช	ง	น	ฉ	บ	ส	ป	ช	ด	ค	◌ิ
ฉ	เ	ข	ด	ป	แ	ว	ญ	า	า	◌่	ป	ค	◌์	ท
ว	บ	พ	ฝ	ส	ล	ฉ	ค	ย	◌่	แ	ท	◌้	เ	ค
จ	ถ	ไ	ฝ	ด	ย	ธ	ข	ย	น	ย	ว	ต	ญ	ข

แท้
มีพรสวรรค์
ธิบาย
สร้างสรรค์
ดราม่า
แข็งแรง
หิว
น่าสนใจ
เหนื่อย
เป็นธรรมชาติ
ใหม่
ปกติ
อุดมสมบูรณ์
ง่วงนอน
ภูมิใจ
รับผิดชอบ
สด
ป่า
เค็ม

76 - Kleding

น	แ	น	ท	ฉ	ท	ป	ะ	ส	ร	◌้	อ	ย	ค	อ
ธ	ญ	ฟ	ผ	◌้	า	ก	◌ั	น	เ	ป	◌ื	◌้	อ	น
อ	บ	ต	ช	ส	อ	ก	ฉ	จ	ถ	ณ	อ	ภ	า	ช
ฟ	ญ	ญ	ข	◌ั	บ	ส	ช	ฝ	เ	ถ	ม	พ	แ	แ
ห	ม	ว	ก	ก	◌่	ร	า	◌ุ	ก	ห	◌ื	ม	ข	า
ซ	ณ	ศ	เ	ป	ร	น	ษ	อ	ด	บ	อ	ภ	ไ	◌้
ถ	◌ุ	ง	ม	◌ื	อ	ะ	เ	ข	◌็	ม	ข	◌ั	ด	ท
ค	ก	า	ง	เ	ก	ง	โ	ญ	ธ	อ	◌้	◌ื	ส	เ
แ	จ	◌็	ค	เ	ก	◌็	ต	ป	ผ	ย	ย	ส	ช	ง
ผ	◌้	า	พ	◌ั	น	ค	อ	ส	ร	ไ	อ	ธ	◌ุ	อ
ย	เ	ส	◌ื	◌้	อ	ค	ล	◌ุ	ม	ง	◌้	ญ	ด	ร
◌ี	ท	ฝ	พ	ด	ษ	ม	ฝ	ล	น	บ	ร	ฉ	น	ม
น	ว	ต	ล	ท	ค	◌้	โ	อ	◌้	◌ื	ส	เ	อ	อ
ส	ร	อ	ง	เ	ท	◌้	า	แ	ต	ะ	ต	ย	น	บ
◌์	ค	ง	ก	ไ	ท	ถ	◌ุ	ง	เ	ท	◌้	า	ม	ด

สร้อยข้อมือ
กางเกง
ถุงมือ
หมวก
เสื้อโค้ท
แจ็คเก็ต
ยีนส์
ชุด
สร้อยคอ
แฟชั่น

ชุดนอน
เข็มขัด
กระโปรง
รองเท้าแตะ
รองเท้า
ผ้ากันเปื้อน
เสื้อ
ผ้าพันคอ
ถุงเท้า
เสื้อคลุม

77 - Vliegtuigen

ไ	ฮ	โ	ด	ร	เ	จ	น	ป	ผ	ท	ค	ล	า	พ
น	ก	ภ	ค	ล	พ	ง	ญ	ร	◌ู	◌่	ว	ไ	อ	ก
บ	ร	ร	ย	า	ก	า	ศ	ะ	◌้	า	า	ฝ	เ	า
◌ิ	บ	บ	ช	ฟ	ล	ร	ล	ว	โ	เ	ม	น	ช	ร
ก	ท	แ	ซ	◌้	ม	◌้	◌ู	◌ั	ด	ร	ป	◌ำ	◌ี	ผ
◌ั	ป	ง	ก	ง	ญ	ส	ก	ต	ย	◌ื	◌ั	ท	◌้	จ
น	อ	ย	ม	อ	ะ	อ	โ	◌ิ	ส	อ	◌่	า	อ	ญ
ถ	ฉ	า	น	◌้	อ	◌่	ป	ศ	า	ว	น	ง	เ	ภ
อ	ง	ท	ก	ท	ฉ	ก	◌่	า	ร	ช	ป	า	พ	◌ั
ก	ศ	ไ	ษ	า	ต	ร	ง	ส	เ	ศ	◌่	ท	ล	ย
ษ	ม	ผ	ข	ญ	ศ	า	ฝ	ต	ง	ล	ว	ศ	◌ิ	ป
ฟ	ญ	ฉ	ด	อ	ท	ก	ต	ร	า	ก	น	◌ิ	ง	ส
ล	◌ู	ก	เ	ร	◌ื	อ	จ	◌์	ภ	ะ	ง	ท	ไ	ท
เ	ค	ร	◌ี	◌่	อ	ง	ย	น	ต	◌์	ษ	ช	ฉ	ฝ
บ	ค	ว	า	ม	ส	◌ู	ง	แ	ส	ส	ผ	ต	ฟ	ด

การตกทอด
บรรยากาศ
การผจญภัย
ลูกโป่ง
ลูกเรือ
การก่อสร้าง
เชื้อเพลิง
ประวัติศาสตร์
ท้องฟ้า
ความสูง
ท่าเรือ
อากาศ
เครื่องยนต์
นำทาง
ออกแบบ
ผู้โดยสาร
นักบิน
ทิศทาง
ความปั่นป่วน
ไฮโดรเจน

78 - Herbalisme

ศ	จ	า	ผ	◌ิ	ล	ห	ญ	◌้	า	ฝ	ร	◌ั	◌่	น
ม	ษ	ม	ป	ต	ง	ภ	แ	ศ	ง	ห	ถ	ย	ว	ข
ย	น	า	พ	า	ภ	ณ	◌ุ	ค	ข	ม	ง	ส	ว	อ
◌ี	◌่	ถ	ภ	ช	ถ	ป	ช	ฝ	ไ	เ	ข	◌ี	ย	ว
ท	โ	า	ช	ส	ฝ	ญ	ห	ซ	จ	ป	ง	ป	ข	ย
เ	า	พ	ะ	ร	ห	โ	แ	ช	บ	ส	พ	ฟ	ล	ธ
ะ	ก	ร	ภ	ม	ส	ผ	น	ว	◌่	ส	ว	ข	ศ	ล
ร	◌ิ	ง	◌์	ว	า	ล	ช	◌ี	ก	◌ั	ผ	น	ไ	ษ
ก	ร	ล	ม	ร	ง	ร	◌ั	◌่	ฝ	ช	◌ี	ก	◌ั	ผ
ฟ	อ	แ	ธ	ว	า	ธ	◌์	ล	น	ถ	แ	ล	ด	พ
พ	อ	ภ	ไ	า	ส	ก	แ	โ	อ	ญ	ด	ไ	อ	ศ
ว	ช	ธ	ะ	ฟ	ช	ผ	อ	ก	จ	ฉ	ส	ห	ก	แ
โ	ร	ส	แ	ม	ร	◌ี	◌่	น	อ	แ	เ	อ	ไ	ฉ
ล	า	เ	ว	น	เ	ด	อ	ร	◌์	เ	ร	ม	ม	จ
ด	ก	า	ร	ท	◌ำ	อ	า	ห	า	ร	ง	ม	◌้	ค

หอม
โหระพา
ดอกไม้
การทำอาหาร
ผักชีลาว
ทาร์รากอน
เขียว
ส่วนผสม
กระเทียม
คุณภาพ
ลาเวนเดอร์
มาร์โจแรม
ออริกาโน่
ผักชีฝรั่ง
โรสแมรี่
หญ้าฝรั่น
รสชาติ
ไธม์
สวน

79 - Kracht en Zwaartekracht

ศ	◌ู	น	ย	◌์	ก	ล	า	ง	ห	ร	ว	จ	ถ	จ
แ	ม	◌่	เ	ห	ล	◌็	ก	เ	ร	ะ	◌ั	เ	ช	ผ
ค	ว	า	ม	ด	◌ั	น	ณ	พ	ส	ย	ต	ศ	ล	ล
ค	ว	า	ม	เ	ร	◌็	ว	ก	ญ	ะ	ย	ณ	น	ก
ก	ล	ศ	า	ส	ต	ร	◌์	า	ร	ท	า	ช	ป	ร
ว	ธ	ศ	ส	ฝ	ธ	จ	ท	ไ	ว	า	ย	า	ไ	ะ
ณ	จ	ศ	ภ	แ	ว	ศ	ญ	ญ	ค	ง	ข	ศ	ไ	ท
ม	ว	ห	ไ	น	อ	◌่	◌ื	ล	ค	เ	ร	า	ก	บ
ร	บ	น	ป	ส	◌์	ก	ส	◌ิ	◌ิ	ฟ	า	ส	แ	ฟ
จ	ข	ฟ	ป	บ	พ	น	◌้	ค	ร	า	ก	แ	ส	ร
ค	◌ุ	ณ	ส	ม	บ	◌ั	ต	◌ิ	ง	ไ	ฉ	ม	ก	ง
โ	ล	ล	ค	เ	ช	ห	◌ั	ท	ธ	ข	น	ป	ษ	น
ง	ด	ญ	ซ	อ	ถ	◌ำ	ว	ไ	ล	ถ	ด	ไ	ธ	ท
ว	ด	บ	ษ	ษ	ไ	◌้	ล	ส	า	ก	ล	อ	ท	ถ
ย	ฝ	บ	ไ	ะ	า	น	พ	ภ	เ	ว	ล	า	ซ	น

ระยะทาง
แกน
วงโคจร
การเคลื่อนไหว
ศูนย์กลาง
ความดัน
พลวัต
คุณสมบัติ
น้ำหนัก
ผลกระทบ
แม่เหล็ก
กลศาสตร์
ฟิสิกส์
การค้นพบ
ความเร็ว
เวลา
การขยายตัว
สากล

80 - Het Bedrijf

ก	ก	ล	โ	ว	◌่	◌ั	ท	พ	ไ	ษ	ผ	ส	ไ	ณ
า	พ	า	ภ	ณ	◌ุ	ค	เ	ย	ษ	ะ	ล	ธ	ข	ง
ร	ก	ม	ร	ร	ก	ต	◌ั	ว	น	ล	◌ิ	◌ุ	น	ธ
ต	า	เ	จ	น	อ	ห	ช	◌่	ป	ห	ต	ร	ช	ช
◌ั	ร	า	ง	◌ุ	◌ำ	◌ุ	ช	น	ท	ฉ	ภ	ก	ย	◌ื
ด	จ	น	ข	ท	พ	เ	ต	ห	ต	า	◌ั	◌ิ	ป	◌่
ส	◌้	◌้	ท	ง	ส	ค	ส	ส	ฝ	ป	ณ	จ	ไ	อ
◌ิ	า	ห	ด	ล	น	◌่	ม	น	า	ะ	ฑ	ไ	ธ	เ
น	ง	บ	ฝ	ร	เ	า	ะ	◌ื	อ	ห	◌์	พ	ห	ส
ไ	ง	◌ื	ก	า	ธ	จ	ธ	า	อ	ร	ก	ภ	ห	◌ื
จ	า	ค	แ	ก	ฟ	◌้	ส	จ	ฝ	อ	ย	ร	า	ย
ต	น	ม	ไ	ฝ	ข	า	◌้	ด	ไ	ย	า	ร	ร	ง
อ	ษ	า	ฉ	ธ	ช	ง	ด	ล	พ	ร	ภ	ช	ห	ม
ข	ค	ว	า	ม	เ	ส	◌ี	◌่	ย	ง	ห	ร	◌ี	ะ
ญ	ย	ค	◌์	ร	ร	ส	ง	า	◌้	ร	ส	ข	ด	พ

การตัดสินใจ
สร้างสรรค์
หน่วย
ทั่วโลก
อุตสาหกรรม
รายได้
นวัตกรรม
การลงทุน
คุณภาพ
ค่าจ้าง
การนำเสนอ
ผลิตภัณฑ์
มืออาชีพ
ชื่อเสียง
ความเสี่ยง
ความคืบหน้า
การจ้างงาน
ธุรกิจ

81 - Rijden

พ	ภ	ร	เ	ค	ร	◌ื	◌่	อ	ง	ย	น	ต	◌์	ค
ต	ะ	ม	ถ	ร	ไ	บ	อ	น	◌ุ	ญ	า	ต	เ	ว
แ	ร	ญ	ร	จ	อ	◌ุ	โ	ม	ง	ค	◌์	ต	ช	า
แ	ค	ด	ง	อ	◌ั	ร	ไ	พ	บ	ฟ	เ	ศ	◌ี	ม
ต	ก	น	ร	◌ั	า	ก	แ	ผ	น	ท	◌ี	◌่	◌้	ป
◌ำ	◌ุ	◌๊	โ	น	ท	ก	ร	ล	ส	แ	ไ	ช	อ	ล
ร	ท	ท	ส	ต	◌้	ไ	า	ย	ซ	ะ	ย	ร	เ	อ
ว	ร	ว	ศ	ร	เ	น	ถ	ร	า	ไ	ไ	ษ	พ	ด
จ	ร	◌็	อ	า	น	ฝ	ข	ศ	จ	น	ด	ไ	ล	ภ
ภ	บ	ร	ณ	ย	◌ิ	ห	ป	เ	ฝ	ร	ย	พ	◌ิ	◌ั
ฉ	ถ	เ	ไ	จ	ด	ย	ญ	ย	ไ	ร	า	น	ง	ย
เ	ร	ม	ถ	อ	เ	ไ	ไ	า	ฝ	ล	บ	จ	ต	ศ
บ	ก	า	ร	ข	น	ส	◌่	ง	ว	ก	ฟ	ธ	ร	◌์
ร	ท	ว	ญ	ฉ	ค	ฉ	ด	ญ	ถ	น	น	ส	ย	ไ
ค	า	ค	อ	◌ุ	บ	◌ั	ต	◌ิ	เ	ห	ต	◌ุ	ฝ	ญ

รถ
เชื้อเพลิง
โรงรถ
แก๊ส
อันตราย
แผนที่
ใบอนุญาต
เครื่องยนต์
รถจักรยานยนต์
อุบัติเหตุ

ตำรวจ
เบรค
ความเร็ว
ถนน
อุโมงค์
ความปลอดภัย
การจราจร
การขนส่ง
คนเดินเท้า
รถบรรทุก

82 - Wetenschap

บ	ญ	ญ	ล	ม	อ	ห	ฝ	ว	ศ	บ	ข	ส	พ	ก
ผ	ธ	น	ซ	ส	ะ	ซ	◌ิ	อ	อ	ล	◌ั	◌ิ	ส	า
ห	◌ี	ร	ข	บ	ต	ส	ส	ภ	ร	ก	อ	◌่	ษ	ร
ว	◌ิ	ง	ร	น	อ	ฝ	◌ิ	ภ	ด	ค	เ	ง	ธ	ส
ล	ว	บ	ค	ม	ม	ส	ก	ศ	ค	ภ	ท	ม	ส	◌ั
ข	ข	ว	ไ	อ	ช	ฉ	ส	ม	ค	ไ	◌็	◌ี	ว	ง
ว	◌้	ง	เ	ศ	◌ี	า	◌์	ะ	า	ต	จ	ช	◌ิ	เ
ม	ก	อ	ท	ค	พ	า	ต	ฝ	ภ	ร	จ	◌ี	ว	ก
ง	ธ	ล	ม	เ	ม	ท	ฝ	◌ิ	◌ุ	ม	ร	ว	◌ั	ต
ภ	ม	ด	ส	◌ู	ฉ	◌ี	ย	ง	น	ฉ	◌ิ	◌ิ	ฒ	◌ุ
ร	ฟ	ท	ฉ	ซ	ล	◌ิ	ซ	ส	อ	ฟ	ง	ต	น	า
ณ	ค	ร	ส	ม	ม	ต	◌ิ	ฐ	า	น	ง	ด	า	ธ
ฉ	ศ	า	ก	า	อ	ม	◌ิ	◌ู	ภ	ต	ฝ	ะ	ก	◌่
ล	◌ุ	ก	ล	เ	ม	โ	ญ	ช	ซ	ร	ธ	ญ	า	ร
แ	ร	ง	โ	น	◌้	ม	ถ	◌่	ว	ง	ส	ช	ร	แ

อะตอม
เคมี
อนุภาค
วิวัฒนาการ
การทดลอง
ข้อเท็จจริง
ฟอสซิล
ข้อมูล
สมมติฐาน
ภูมิอากาศ
วิธี
แร่ธาตุ
โมเลกุล
ธรรมชาติ
ฟิสิกส์
การสังเกต
สิ่งมีชีวิต
พืช
แรงโน้มถ่วง

83 - Natuurkunde

ก	น	ส	ต	น	◌่	น	แ	า	น	ห	ม	า	ว	ค
า	ษ	ต	ษ	ห	ญ	ะ	ศ	ก	แ	ซ	ว	ท	ฟ	า
ร	ล	◌์	ต	ญ	ซ	ญ	ข	ธ	◌๊	ภ	ล	ห	ส	ภ
ข	ธ	น	ก	ถ	ร	ช	พ	บ	ฟ	ส	พ	ไ	ถ	◌ุ
ย	โ	ย	แ	ร	ง	โ	น	◌้	ม	ถ	◌่	ว	ง	น
า	ม	ง	า	แ	ม	◌่	เ	ห	ล	◌็	ก	พ	ก	อ
ย	เ	อ	ณ	ว	◌็	ร	เ	ม	า	ว	ค	ก	ณ	ง
ต	ล	◌่	ม	ะ	น	อ	ร	ต	ก	ล	◌็	เ	◌ิ	อ
◌ั	ก	◌ี	อ	บ	ฟ	◌่	ญ	ค	ช	ย	เ	ย	ช	ล
ว	◌ุ	ร	ต	◌ู	ส	ศ	◌ุ	ไ	ว	ะ	ภ	พ	ผ	ด
ผ	ล	ค	ะ	ฝ	ธ	ท	บ	ว	ป	า	ญ	ร	แ	ท
พ	ฝ	เ	อ	ถ	ย	ซ	ผ	ศ	ม	◌ี	ม	ค	เ	ร
ห	เ	ส	◌ั	ม	พ	◌ั	ท	ธ	ภ	า	พ	ถ	ห	า
ส	า	ก	ล	บ	า	ฟ	ร	ภ	ล	ะ	ว	ธ	◌ี	ก
ก	ล	ศ	า	ส	ต	ร	◌์	เ	ท	ฟ	ณ	ค	ง	◌่

อะตอม
ความวุ่นวาย
เคมี
อนุภาค
ความหนาแน่น
อิเล็กตรอน
การทดลอง
สูตร
ความถี่
แก๊ส
แม่เหล็ก
มวล
กลศาสตร์
โมเลกุล
เครื่องยนต์
สัมพัทธภาพ
ความเร็ว
การขยายตัว
สากล
แรงโน้มถ่วง

84 - Muziekinstrumenten

ฮ	า	ร	◌์	โ	ม	น	◌ิ	ก	◌้	า	แ	ล	อ	แ
เ	ช	ล	โ	ล	ส	ข	ล	◌ุ	◌่	ย	ว	น	ณ	ท
ฮ	า	ร	◌์	ป	ป	ถ	ด	ฉ	ภ	ย	จ	ซ	ะ	ม
ท	พ	◌์	น	ห	◌ี	แ	ซ	ก	โ	ซ	โ	ฟ	น	บ
ร	ห	า	ณ	ร	◌่	บ	ม	ฆ	ท	ย	น	ค	โ	◌ู
อ	บ	ต	ค	ก	บ	ช	า	แ	◌้	ฟ	บ	ล	ย	ร
ม	ไ	◌ี	พ	ล	า	ศ	ร	ฉ	ส	อ	แ	า	◌ี	◌ี
โ	แ	ก	ฉ	อ	ส	ญ	◌ิ	ฉ	ฉ	ถ	ง	ร	ป	น
บ	ไ	ม	ป	ง	ซ	แ	ม	ว	ผ	ล	ไ	◌ิ	เ	ว
น	ว	เ	น	ภ	◌ู	ต	บ	โ	อ	โ	ย	เ	บ	ฉ
ภ	โ	ธ	ข	โ	น	ร	า	ว	ล	ว	พ	น	ษ	ภ
อ	อ	ด	ป	แ	ด	จ	ก	ว	บ	ค	อ	◌็	ไ	ะ
ศ	ล	ล	ะ	ท	อ	ล	อ	ย	แ	ว	ข	ต	เ	ศ
ญ	◌ิ	ญ	พ	ไ	ล	ม	◌ิ	ต	◌ี	ร	ะ	ฆ	◌ั	ง
ล	น	ซ	แ	า	เ	ส	ฝ	น	ถ	อ	ช	ก	ว	ส

แบนโจ
เชลโล
ปี่บาสซูน
ขลุ่ย
กีตาร์
ฆ้อง
ฮาร์ป
โอโบ
คลาริเน็ต
ตีระฆัง
แมนโดลิน
มาริมบา
ฮาร์โมนิก้า
เปียโน
แซกโซโฟน
แทมบูรีน
ทรอมโบน
กลอง
แตร
ไวโอลิน

85 - Antiek

ก	ผ	พ	ช	ไ	ป	แ	ก	ผ	ว	ห	อ	ษ	ล	ก
ฝ	า	◌ิ	ค	ธ	ต	ส	ธ	ไ	ค	ก	ภ	ไ	ภ	า
ข	ค	ร	ด	า	ว	พ	า	ภ	ป	ณ	ค	ย	า	ร
ฝ	า	ด	ล	ป	ม	ร	ม	ส	ข	ฝ	ป	ม	ส	ฟ
ษ	ร	◌ั	ฉ	ง	ก	ค	◌ุ	ณ	ภ	า	พ	ญ	ง	◌ี
ส	ฉ	ท	น	ห	ท	ต	ฟ	ถ	ผ	ญ	ซ	ช	◌่	◌้
ต	ก	แ	ต	◌่	ง	◌ุ	◌ิ	ะ	น	ย	ฝ	ก	า	น
ค	◌่	า	า	ญ	ภ	ห	น	ม	ถ	◌ี	ฉ	ผ	ป	ฟ
จ	ม	ป	ร	ะ	ต	◌ิ	ม	า	ก	ร	ร	ม	ร	◌ู
ศ	ต	ว	ร	ร	ษ	น	ซ	ส	ร	ห	ว	ฉ	ะ	ศ
แ	ก	ล	เ	ล	อ	ร	◌ี	◌่	ะ	เ	ค	ฟ	ม	◌ิ
ส	ศ	ค	ผ	ม	บ	ซ	ง	ก	ค	ส	ไ	ญ	◌ู	ล
ก	ส	ฉ	ะ	ษ	ร	เ	ย	แ	ด	เ	ก	ก	ล	ป
ร	◌ู	ป	แ	บ	บ	ง	ธ	เ	ท	ะ	ธ	◌ั	ผ	ะ
เ	ฟ	อ	ร	◌์	น	◌ิ	เ	จ	อ	ร	◌์	ษ	น	ร

แท้
ประติมากรรม
ตกแต่ง
ศตวรรษ
สง่า
แกลเลอรี่
การลงทุน
ศิลปะ
คุณภาพ
เฟอร์นิเจอร์
เหรียญ
ผิดปกติ
แก่
ราคา
การฟื้นฟู
ภาพวาด
รูปแบบ
ประมูล
นักสะสม
ค่า

86 - Water

ถ	ป	ญ	ษ	ต	แ	ม	◌่	น	◌้	◌ํา	ค	ล	อ	ง
พ	า	ย	◌ุ	เ	ฮ	อ	ร	◌ิ	เ	ค	น	ษ	ฝ	ป
น	ด	ฟ	อ	ซ	ว	ฉ	ว	ศ	จ	ว	ฝ	ณ	ษ	ฝ
◌่	◌้	บ	ต	ข	ห	บ	า	ส	ล	เ	ะ	ท	ก	น
◌ี	ไ	◌ํา	◌้	น	อ	ไ	ม	◌ุ	ส	ร	ม	อ	า	◌้
ล	ม	ย	พ	ง	ง	ธ	ช	ก	บ	ษ	ล	า	ร	◌ํา
ค	◌่	ฟ	ย	◌ุ	ค	ศ	◌ี	ช	◌ี	◌้	น	บ	ร	แ
ส	◌ี	ห	ผ	ฉ	ร	ฉ	◌้	ด	ฉ	า	า	น	ะ	ข
ซ	ด	◌ิ	น	ม	ท	◌้	น	ร	ไ	ค	ท	◌้	เ	◌็
ภ	ะ	ม	◌้	บ	◌ุ	ฝ	อ	แ	ผ	ป	ะ	◌ํา	ห	ง
ญ	จ	ะ	◌ํา	เ	ม	น	ถ	น	ซ	ษ	ร	น	ย	ต
ร	ธ	ต	ท	ฉ	ส	ษ	ธ	ถ	ฟ	ร	ป	ไ	พ	ไ
ค	น	ไ	◌่	ไ	า	พ	จ	อ	ซ	ก	ล	ต	ซ	แ
ต	เ	อ	ว	ซ	ห	ศ	ฝ	พ	ญ	ถ	ช	ไ	ง	แ
พ	พ	ศ	ม	พ	ม	ค	ว	า	ม	ช	◌ี	◌้	น	เ

อาบน้ำ
ดื่มได้
น้ำพุร้อน
คลื่น
น้ำแข็ง
ชลประทาน
คลอง
ทะเลสาบ
มรสุม
มหาสมุทร
พายุเฮอริเคน
น้ำท่วม
ฝน
แม่น้ำ
หิมะ
ไอน้ำ
การระเหย
วามชื้น
ชื้น
ความชื้น

87 - Koffie

ธ	ฝ	ง	เ	ษ	ต	ด	ฝ	ญ	จ	ค	ต	ข	ข	ป
ไ	ห	ซ	ส	ะ	ช	แ	ป	พ	ห	ว	ฝ	ซ	ฝ	ล
ธ	อ	ณ	แ	ก	ร	อ	ง	ซ	ถ	า	ค	า	ร	ป
น	ฝ	ล	ซ	ซ	แ	พ	า	ส	ง	ม	จ	ก	ป	ค
ไ	ไ	บ	ส	ฉ	น	ต	น	แ	ฟ	ห	◌ี	พ	ซ	า
ท	ญ	ว	◌ี	แ	◌ำ	น	◌้	ว	อ	ล	ไ	ร	ม	เ
ฝ	◌ี	า	ด	ห	◌้	ธ	◌ำ	ล	า	า	ภ	ไ	ค	ฟ
ข	ม	◌่	◌ำ	เ	น	ม	ต	ห	ข	ก	ผ	ส	ญ	อ
ร	ป	ะ	ม	น	เ	ป	า	เ	ข	ห	ท	ภ	ร	◌ี
ส	ฟ	ฟ	ท	า	ล	พ	ล	ง	ม	ล	ส	ษ	ค	น
ช	ฟ	ก	ล	◌ิ	◌่	น	ห	อ	ม	า	น	ผ	ศ	ฉ
า	เ	ด	ะ	จ	ป	ย	ญ	ข	ไ	ย	ว	◌้	ถ	ด
ต	ช	◌ี	บ	เ	ค	ร	◌ี	◌่	อ	ง	ด	◌ี	◌่	ม
◌ิ	◌้	◌่	ษ	บ	พ	ญ	ว	ท	ภ	า	ห	ะ	ฉ	ญ
จ	า	ม	ว	ท	ข	ย	ย	ข	ศ	ส	ศ	ญ	ป	ง

กลิ่นหอม
ถ้วย
ขม
คาเฟอีน
เครื่องดื่ม
ดื่ม
กรอง
บด
นม
เช้า
ที่มา
ราคา
ครีม
รสชาติ
น้ำตาล
ความหลากหลาย
ของเหลว
น้ำ
สีดำ

88 - Schaken

ก	ฉ	ล	า	ด	ภ	เ	เ	ส	ต	ภ	ษ	ส	ไ	ฝ
ฟ	ษ	อ	ถ	ไ	ท	ว	า	ข	ท	ไ	อ	◌ี	แ	ฝ
ซ	ณ	◌ั	ว	แ	น	ล	◌่	เ	◌้	◌ู	ผ	ด	ภ	ภ
า	ถ	ค	ต	ถ	ฎ	า	ช	ร	บ	ส	ว	◌ำ	ล	ซ
จ	า	ไ	อ	ร	ก	า	ร	แ	ข	◌่	ง	ข	◌ั	น
แ	ช	ม	ป	◌์	◌ิ	ณ	ล	ผ	อ	ข	ข	ค	ค	◌ี
ห	ท	เ	ห	ก	ล	ย	บ	ะ	ธ	ว	◌่	ว	ธ	ว
ถ	ว	ร	ก	ถ	ช	ป	◌์	จ	◌์	ภ	แ	า	ห	ค
ส	ษ	◌ู	◌ู	ม	ภ	ม	จ	ม	ท	เ	◌่	ม	ข	ม
เ	ส	◌้	น	ท	แ	ย	ง	ม	◌ุ	ม	◌ู	ท	ซ	ห
ฝ	ถ	น	ะ	ษ	ม	ส	น	ค	ย	ค	ค	◌้	ป	ถ
ส	อ	ย	ห	ห	ข	ฟ	บ	ท	ล	ะ	ต	า	ผ	น
น	ศ	◌ี	ซ	ย	ฉ	จ	ณ	ล	ก	แ	ษ	ท	ว	น
ส	ฟ	ร	ป	ต	ะ	ษ	ว	ล	ไ	น	ญ	า	ส	ศ
ธ	ศ	เ	ด	แ	อ	◌ุ	ท	◌ิ	ศ	น	ว	ย	น	ว

เส้นทแยงมุม
แชมป์
กษัตริย์
ควีน
เรียนรู้
อุทิศ
รู
คะแนน
กฎ
ฉลาด
เกม
ผู้เล่น
กลยุทธ์
คู่แข่ง
เวลา
การแข่งขัน
ความท้าทาย
ขาว
สีดำ

89 - Boerderij #1

ฟ	แ	ม	ห	ค	ม	ษ	ญ	ข	ว	ห	ต	ค	ซ	ข
ย	น	◌ำ	ษ	ด	อ	เ	ญ	ข	ข	ฝ	◌ู	ง	ซ	แ
ผ	ผ	◌ื	◌้	ง	ผ	◌ื	◌้	◌ำ	◌้	น	ค	ส	ซ	พ
จ	ญ	ธ	ญ	น	เ	ญ	ไ	เ	ฉ	ไ	ห	น	ไ	ะ
ฝ	ศ	เ	ด	ส	น	ม	ด	ไ	ไ	ข	ษ	า	ม	ห
ด	ว	ท	ก	ถ	ญ	ถ	ถ	ผ	ว	◌ั	ว	ม	แ	ต
ห	ว	ไ	ย	ษ	ว	จ	ง	เ	ล	า	◌้	ม	ฝ	ผ
ท	ะ	ช	ก	ช	ต	เ	ร	ซ	ค	ก	◌้	ก	ย	ล
ข	ป	ป	◌ุ	◌๋	ย	ร	ฝ	ศ	ะ	◌ี	ฝ	ข	ณ	ภ
ฝ	ค	ข	ญ	ช	ข	ม	ก	ห	ซ	อ	ฉ	น	ท	ป
ไ	ฟ	ฝ	ร	ฉ	ด	ต	ษ	ร	ผ	ข	อ	◌่	ก	ไ
ไ	ต	อ	◌ั	แ	อ	ท	ง	ภ	ร	ต	ญ	อ	ต	ด
ศ	น	า	◌้	ณ	ด	◌็	ล	ม	เ	ม	ป	ง	น	ค
ม	ธ	ซ	ว	ฟ	า	ง	า	ไ	ท	ช	ผ	ไ	ท	บ
อ	ถ	ซ	แ	ธ	ถ	แ	ไ	ผ	ป	พ	ษ	ย	ส	ไ

ผึ้ง
ลา
แพะ
รั้ว
หมา
น้ำผึ้ง
ฟาง
น่อง
แมว
ไก่
วัว
อีกา
ฝูง
เกษตรกรรม
ปุ๋ย
ม้า
ข้าว
สนาม
น้ำ
เมล็ด

90 - Huis

ส	ร	ด	บ	ป	ฟ	ห	พ	ห	จ	เ	ภ	แ	น	เ
ว	ป	ไ	ะ	ล	◌ำ	◌้	น	บ	า	อ	พ	ส	ฝ	พ
น	อ	ะ	ป	◌่	ร	อ	ถ	ณ	ป	ย	ผ	ไ	จ	ด
ช	พ	ช	ป	อ	ฟ	ง	ร	◌ั	◌้	ว	น	ท	พ	า
ห	◌ั	ร	ม	ง	จ	◌ิ	บ	ด	ข	ย	◌ั	ข	ฝ	น
◌้	ต	◌้	ม	ไ	ญ	ผ	ภ	ง	ถ	ร	ง	ร	โ	อ
อ	ล	ษ	น	ฟ	ณ	า	ค	ง	◌ั	ล	ห	ง	ร	น
ง	า	น	ก	ไ	◌ู	ต	เ	ไ	ง	ว	บ	ถ	ง	ง
ส	ะ	ญ	เ	จ	ต	เ	ฟ	พ	พ	ม	ฟ	จ	ธ	อ
ม	ณ	ผ	ฟ	ท	ะ	◌้	บ	ป	ห	ษ	ฟ	ช	ฟ	◌้
◌ุ	ญ	ไ	ะ	ญ	ร	ข	ด	า	ว	ก	◌้	ม	ไ	ห
ด	ท	ต	เ	ไ	ป	ซ	ณ	◌ิ	ห	ค	ต	ษ	ม	ศ
ก	ร	ะ	จ	ก	เ	ไ	ฟ	ข	น	บ	ร	พ	ค	ค
เ	ฟ	อ	ร	◌์	น	◌ิ	เ	จ	อ	ร	◌์	◌ั	โ	ค
ร	ฝ	ถ	เ	ษ	ค	ก	ข	ธ	ะ	อ	ไ	ร	ว	ต

ไม้กวาด
ห้องสมุด
หลังคา
ประตู
อาบน้ำ
โรงรถ
เตาผิง
รั้ว
ห้อง
ชั้นใต้ดิน

ครัว
โคมไฟ
เฟอร์นิเจอร์
ผนัง
เพดาน
ปล่องไฟ
ห้องนอน
กระจก
พรม
สวน

91 - Geometrie

ง	ฟ	ต	ค	ม	ซ	ท	ง	ง	ง	ฟ	ต	ศ	ค	ส
ษ	ภ	พ	◌ี	◌้	น	ผ	◌ิ	ว	ณ	ง	◌ั	ไ	เ	า
ม	◌ุ	ม	ษ	ไ	ร	า	ก	ม	ส	เ	◌้	ป	ณ	ม
แ	น	ว	น	อ	น	ง	น	ว	◌่	ส	ง	บ	ง	เ
ต	◌ิ	◌ิ	ม	ล	ก	ง	ว	ข	า	ง	ฉ	ล	ศ	ห
ร	ค	ก	◌ั	ญ	ม	ะ	ก	ฟ	ช	ร	า	ต	ธ	ล
ต	ธ	อ	ธ	ค	ว	า	ม	ส	◌ู	ง	ก	ร	ท	◌ี
า	ณ	ะ	ย	ก	ไ	ล	อ	ซ	ไ	ษ	แ	ร	ฤ	◌่
ม	น	า	ฐ	ป	า	ป	ต	ห	พ	ส	น	ก	ษ	ย
ม	ว	ห	า	อ	จ	ร	ง	ก	ช	ะ	ว	ะ	ฎ	ม
ส	ส	ล	น	ด	ล	เ	ค	ด	ไ	ญ	ต	ล	◌ี	บ
ป	◌่	ษ	ฉ	ไ	เ	ค	อ	◌ำ	อ	ไ	◌ั	จ	พ	ภ
แ	ด	ห	ไ	ว	แ	ค	ข	ไ	น	ส	◌้	ก	ฟ	ธ
ว	◌ั	ป	แ	ส	ค	พ	ศ	ภ	ล	ว	ง	ไ	ธ	ศ
ไ	ส	เ	ส	◌้	น	โ	ค	◌้	ง	ม	ณ	ต	อ	ย

การคำนวณ
วงกลม
เส้นโค้ง
มิติ
สามเหลี่ยม
มุม
ความสูง
แนวนอน
ตรรกะ
ตั้งฉาก
มวล
มัธยฐาน
พื้นผิว
ขนาน
สัดส่วน
ส่วน
สมมาตร
ทฤษฎี
สมการ
แนวตั้ง

92 - Jazz

จ	ร	ภ	บ	บ	ก	ว	ร	ท	ธ	บ	น	ป	ท	ต
จ	◌ั	ไ	ญ	ร	ด	ง	◌ู	ป	ญ	ธ	◌ั	ง	แ	ท
ด	ร	ง	ข	า	บ	ด	ป	น	ว	พ	ก	ศ	ะ	ล
ภ	า	จ	ห	ห	อ	น	แ	ถ	น	ร	แ	ถ	ช	ฝ
พ	ย	ฉ	เ	ว	ก	ต	บ	ภ	ญ	ไ	ต	ภ	แ	ก
ร	ก	ร	ส	โ	ะ	ร	บ	แ	ผ	ไ	◌่	ม	ห	ไ
ส	า	ญ	◌ี	ณ	ร	◌ี	จ	ล	ง	ส	ง	ข	ะ	ศ
ว	ร	แ	ย	า	ป	ต	ร	◌์	◌ิ	ส	เ	น	อ	ค
ร	โ	ก	ง	ภ	น	แ	ท	ต	ซ	อ	พ	ป	เ	◌ิ
ร	ป	◌่	ป	◌ิ	ว	ร	ง	อ	น	ไ	ล	◌ิ	พ	น
ค	ร	ต	ร	ฏ	◌่	ช	บ	ฟ	อ	ด	ง	ล	ล	ค
◌์	ด	ไ	บ	ป	ส	ป	ร	ะ	เ	ภ	ท	◌ิ	ง	ท
ช	จ	อ	ม	บ	◌ั	◌้	ล	◌ั	อ	า	ถ	ศ	ช	เ
ถ	ว	เ	◌ี	ม	◌ี	ช	◌ี	◌่	อ	เ	ส	◌ี	ย	ง
ล	ห	ไ	อ	ค	ว	า	ม	ส	◌ำ	ค	◌ั	ญ	ฉ	อ

อัลบั้ม
เสียงปรบมือ
ศิลปิน
มีชื่อเสียง
นักแต่งเพลง
คอนเสิร์ต
รายการโปรด
ประเภท
ปฏิภาณโวหาร
เพลง
ดนตรี
ความสำคัญ
ใหม่
วงดนตรี
แก่
จังหวะ
ส่วนประกอบ
รูปแบบ
พรสวรรค์
เทคนิค

93 - Getallen

ซ	ก	ธ	ฝ	บ	ช	ห	ย	ซ	ค	ธ	ย	ส	ผ	ข
ว	ท	อ	ส	◌ิ	บ	ส	บ	า	ห	◌้	บ	◌ิ	ส	า
ศ	ธ	ะ	ด	ร	ต	◌ี	ส	จ	◌้	ท	ถ	บ	ะ	ด
ษ	◌ู	น	ก	ฉ	า	◌่	◌ี	ม	า	ส	ช	เ	ย	ล
ย	ช	น	แ	ฝ	ส	ป	◌่	ฝ	ส	ข	ส	ก	ห	ช
ห	ล	บ	ย	ง	อ	ส	บ	◌ิ	ส	ม	ส	◌้	ป	ร
ถ	ห	ถ	ษ	◌์	า	ซ	◌ิ	ป	ณ	ส	ช	า	ห	บ
ท	ด	ญ	ม	ษ	ม	า	ส	บ	◌ิ	ส	ญ	ป	ด	ฝ
ว	บ	ห	ข	ห	เ	ก	◌้	า	แ	บ	ฝ	น	ก	ง
ไ	บ	ง	า	พ	ฝ	ช	ห	ไ	ฉ	ป	ค	ไ	ด	ส
ว	ฝ	แ	ส	อ	ง	จ	ค	บ	ร	น	ด	◌็	จ	เ
ธ	ป	ป	ห	น	◌ึ	◌่	ง	ฝ	◌ิ	ส	ษ	ร	เ	ภ
ซ	น	ด	จ	◌็	เ	บ	◌ิ	ส	ว	ส	ล	ภ	ส	ภ
ต	ธ	ซ	ต	า	ย	◌ี	◌่	ส	◌ิ	บ	น	ญ	ล	น
ไ	ษ	ฝ	า	ท	ผ	ณ	ถ	ษ	ก	จ	จ	ซ	า	ท

แปด
สิบแปด
สิบสาม
สาม
หนึ่ง
เก้า
สิบเก้า
ศูนย์
สิบ
สิบสอง

สอง
ยี่สิบ
สิบสี่
สี่
ห้า
สิบห้า
หก
สิบหก
เจ็ด
สิบเจ็ด

94 - Boksen

ด	ไ	า	แ	ล	เ	ย	ร	แ	ง	ช	ง	ถ	เ	ช
ไ	ช	เ	ฝ	ณ	ฝ	ซ	ร	ะ	า	ไ	บ	◌ุ	ห	ถ
ฟ	เ	อ	เ	จ	จ	ฟ	ป	ษ	ฆ	ฉ	ว	ง	น	แ
น	◌้	◌ั	ป	◌ำ	ก	ห	ข	ก	แ	◌ั	ษ	ม	◌ื	ข
ค	◌ั	อ	ร	ด	ภ	ข	ณ	◌ั	ร	จ	ง	◌ี	◌่	ไ
ป	ะ	ก	เ	ช	◌ื	อ	ก	ท	ฟ	พ	ค	อ	อ	ธ
ษ	ค	แ	ส	ผ	◌ู	◌้	ต	◌ั	ด	ส	◌ิ	น	ย	ฟ
ค	า	ง	น	◌ู	ผ	ฝ	ค	ไ	ศ	เ	ต	ะ	ร	ป
ก	จ	ห	อ	น	◌้	ผ	ย	า	ฟ	ช	แ	ร	ง	ถ
บ	บ	เ	ไ	แ	จ	ไ	า	ป	ฝ	อ	ฉ	เ	ค	ก
ญ	ษ	ธ	ค	ฟ	ฟ	ย	ก	อ	ศ	อ	◌้	ข	พ	ณ
ธ	ว	ย	ส	ธ	บ	ฝ	ง	ข	◌่	แ	◌่	◌ู	ค	ถ
ล	ห	ม	ต	ซ	ไ	ก	า	ร	ก	◌ู	◌้	ค	◌ื	น
า	ผ	ด	ท	ธ	ไ	จ	◌่	โ	ฟ	ก	◌ั	ส	ง	ณ
ไ	จ	ร	ย	บ	ว	◌็	ร	เ	ม	◌ุ	ม	ค	ธ	จ

ข้อศอก
โฟกัส
ถุงมือ
การกู้คืน
มุม
คาง
ระฆัง
แรง
ร่างกาย
คะแนน
ผู้ตัดสิน
เตะ
เร็ว
คู่แข่ง
เชือก
เหนื่อย
ทักษะ
นักสู้
กำปั้น

95 - Boerderij #2

ล	ม	น	า	ท	ะ	ร	ป	ล	ช	อ	น	ไ	ล	ง
า	แ	ด	ม	◌ุ	ห	ป	ศ	เ	ล	ฉ	ช	ฝ	◌ู	เ
ม	ไ	ว	พ	◌่	า	บ	ว	ป	ศ	ข	ณ	ง	ก	ข
า	ะ	ก	แ	ง	ย	◌้	◌ี	ล	เ	น	ค	แ	แ	◌้
น	ถ	◌ั	น	ห	◌ั	ง	◌ั	ก	ร	อ	ล	ร	ก	า
ว	ป	ผ	แ	ญ	ข	ะ	น	ฉ	ซ	น	จ	ถ	ะ	ว
า	อ	เ	ล	◌้	ร	◌ั	ง	ผ	◌ึ	◌้	ง	แ	บ	ส
ช	น	ล	า	า	ม	ส	แ	เ	ก	ไ	พ	ท	า	า
ข	◌้	า	ว	โ	พ	ด	◌ั	า	ป	ร	ซ	ร	ร	ล
ไ	ค	ป	น	ด	ง	ส	ธ	ต	ล	◌็	แ	ก	◌์	◌ี
ร	ช	เ	ะ	ง	แ	ก	ะ	น	ว	ไ	ด	เ	เ	ญ
ธ	า	อ	ซ	ล	ร	า	ฝ	แ	ค	◌์	พ	ต	ล	ม
ธ	ถ	ว	ด	ม	แ	โ	ฉ	ด	ภ	ค	เ	อ	◌่	จ
ส	ว	น	ผ	ล	ไ	ม	◌้	ช	จ	ธ	แ	ร	ย	ฝ
ผ	ล	ไ	ม	◌้	ท	ป	ว	ฟ	ถ	ม	ไ	◌์	◌์	ศ

รังผึ้ง
ชาวนา
สวนผลไม้
สัตว์
เป็ด
ผลไม้
บาร์เล่ย์
ผัก
คนเลี้ยงแกะ
ชลประทาน
ลูกแกะ
ลามา
ข้าวโพด
นม
แกะ
โรงนา
ข้าวสาลี
รถแทรกเตอร์
ทุ่งหญ้า
กังหัน

96 - Psychologie

ป	ร	ะ	ส	บ	ก	า	ร	ณ	◌์	ย	ส	ะ	แ	อ
ค	ว	า	ม	เ	ป	◌็	น	จ	ร	◌ิ	ง	ง	บ	◌ิ
ซ	ก	ซ	◌์	ข	ค	ล	ล	ษ	ห	ข	ภ	ว	ฟ	ท
ช	พ	ะ	ณ	ผ	แ	า	ค	ม	ล	ม	ย	ไ	จ	ธ
ผ	ย	า	ม	ห	ด	◌ั	น	ร	า	ก	ด	ซ	า	◌ิ
ป	อ	ก	ร	ค	ว	า	ม	ค	◌ิ	ด	ต	ส	ป	พ
ร	◌ั	บ	า	ว	◌ั	ย	เ	ด	◌็	ก	ค	ง	ต	ล
อ	ร	ญ	อ	ร	ไ	ส	จ	า	ซ	เ	ล	ธ	ศ	◌ิ
◌ั	น	ส	ห	แ	ป	พ	า	ภ	ก	ล	◌ิ	ค	◌ุ	บ
ต	ฟ	ส	พ	า	ห	ร	ฉ	อ	ข	ธ	น	ว	แ	ล
ต	พ	ส	เ	ฟ	ฉ	แ	ะ	จ	ฝ	ล	◌ิ	า	ไ	ษ
า	ภ	ษ	ม	ฝ	ย	◌ี	ด	เ	อ	ไ	ก	ม	พ	ช
ก	า	ร	ร	◌ั	บ	ร	◌ู	◌้	ม	ก	ณ	ฝ	ม	ห
ค	ว	า	ม	ท	ร	ง	จ	◌ำ	ฝ	◌ิ	ม	◌ั	ณ	ญ
ค	ว	า	ม	ข	◌ั	ด	แ	ย	◌้	ง	น	น	ษ	ภ

การนัดหมาย
การประเมิน
หมดสติ
ความขัดแย้ง
ความฝัน
อัตตา
อารมณ์
ประสบการณ์
ความคิด
ความทรงจำ
ไอเดีย
อิทธิพล
วัยเด็ก
คลินิก
การรับรู้
บุคลิกภาพ
ปัญหา
ความเป็นจริง

97 - Zakelijk

ข	แ	ซ	ญ	น	ณ	ร	ป	ฝ	ซ	ภ	อ	ษ	อ	น
ด	ก	ฉ	ม	า	า	ก	า	ป	ไ	ท	า	แ	อ	ญ
ร	◌้	า	น	ย	ม	น	◌ำ	ย	ท	ป	ช	ภ	ฟ	ม
พ	อ	ฉ	◌ิ	จ	ะ	พ	ค	ไ	ไ	ผ	◌ี	า	ฟ	ป
น	ห	ซ	ง	◌้	ร	ผ	ไ	ข	ร	ด	พ	ษ	◌ิ	ส
◌ั	ด	ต	เ	า	ป	เ	ส	ซ	ซ	ข	◌้	◌ี	ศ	ท
ก	ค	ญ	ล	ง	บ	ถ	น	ธ	◌ุ	ร	ก	ร	ร	ม
ง	ง	ธ	ไ	เ	ง	◌ิ	น	ต	ร	า	ศ	ซ	ช	ส
า	โ	ร	ง	ง	า	น	ข	ล	บ	ร	◌ิ	ษ	◌ั	ท
น	◌ุ	ท	ง	ล	ร	า	ก	า	ส	◌่	ว	น	ล	ด
จ	ฉ	ก	ว	ง	ไ	ส	ฟ	ร	ย	ห	ท	ล	ย	ส
ก	า	ร	เ	ง	◌ิ	น	แ	เ	ภ	พ	จ	ณ	บ	ณ
เ	ศ	ร	ษ	ฐ	ศ	า	ส	ต	ร	◌์	ท	ข	ร	ช
ค	◌่	า	ใ	ช	◌้	จ	◌่	า	ย	ว	ง	ต	ไ	ส
บ	จ	แ	พ	ไ	ง	ธ	ร	ผ	จ	พ	ม	ห	ญ	เ

บริษัท
งบประมาณ
ภาษี
อาชีพ
เศรษฐศาสตร์
โรงงาน
การเงิน
เงิน
รายได้
การลงทุน
ออฟฟิศ
ส่วนลด
ค่าใช้จ่าย
ธุรกรรม
เงินตรา
ขาย
นายจ้าง
พนักงาน
ร้าน
กำไร

98 - Voeding

ค	ต	ณ	ม	ส	ป	น	ผ	บ	ษ	ล	ค	แ	ร	ป
า	า	ภ	อ	อ	◌ุ	ท	ษ	ฟ	ส	จ	า	อ	ท	ช
ร	ญ	า	ห	ซ	ศ	ข	ไ	เ	พ	ก	ด	ป	ภ	ช
◌์	ก	ก	ด	ม	ฉ	ไ	ภ	ช	◌ิ	ณ	ข	ภ	ธ	ฟ
โ	◌ิ	โ	ป	ร	ต	◌ี	น	า	ษ	ไ	แ	ม	ก	ว
บ	น	ข	ร	า	ย	ร	บ	ป	พ	า	ภ	ณ	◌ุ	ค
ไ	ไ	อ	ส	ห	ค	ว	า	ม	ก	ร	ะ	ห	า	ย
ฮ	ด	ง	ช	า	ส	ถ	ภ	ข	น	อ	ศ	ต	แ	อ
เ	◌้	เ	า	อ	ม	ษ	อ	น	◌ั	ว	ญ	ม	ข	◌่
ด	ศ	ห	ต	ธ	ด	ก	◌ั	ม	ห	ร	า	ก	◌็	ย
ร	ภ	ล	◌ิ	ะ	◌ุ	อ	ษ	◌ิ	◌ำ	ด	ณ	ญ	ง	ร
ต	ง	ว	ฝ	ช	ล	ช	ช	า	◌้	แ	ผ	ไ	แ	า
แ	ค	ล	อ	ร	◌ี	◌่	น	ต	น	ช	ผ	ต	ร	ก
ส	า	ร	อ	า	ห	า	ร	◌ิ	ภ	ท	ส	ซ	ง	ล
ฝ	ด	ท	ะ	ว	ต	ย	ไ	ว	ย	ฟ	ญ	ฝ	ษ	ซ

ขม
แคลอรี่
อาหาร
กินได้
ความกระหาย
โปรตีน
สมดุล
การหมัก
น้ำหนัก
แข็งแรง
สุขภาพ
คาร์โบไฮเดรต
คุณภาพ
ซอส
รสชาติ
การย่อย
พิษ
วิตามิน
ของเหลว
สารอาหาร

99 - Chemie

ข	ฟ	ญ	ญ	ญ	ส	◌๊	ก	แ	อ	ส	ผ	ไ	ค	ศ
ห	อ	◌ี	ล	ก	เ	า	ข	ร	ไ	ค	ษ	ฉ	ล	ค
ค	ษ	ง	ร	◌่	เ	ว	◌ั	ต	ด	ถ	ข	ย	อ	ว
ง	ห	ศ	เ	อ	◌ุ	ณ	ห	ภ	◌ู	ม	◌ิ	ส	ร	า
ญ	ง	ย	ท	ห	ฉ	า	ฝ	ล	ย	ข	ค	ษ	◌ี	ม
ไ	น	ท	จ	◌์	ล	◌ุ	ก	ล	เ	ม	โ	ข	น	ร
ป	อ	ล	ต	ม	ศ	ว	ข	ภ	ร	เ	ค	ญ	จ	◌้
น	ร	อ	า	ซ	ม	ษ	จ	ย	โ	ล	ห	ะ	ง	อ
◌้	ต	ห	อ	ไ	ป	ฏ	◌ิ	ก	◌ิ	ร	◌ิ	ย	า	น
◌ำ	ก	ข	ท	น	อ	บ	◌์	ร	า	ค	ท	า	◌่	แ
ห	ล	ต	ข	อ	ไ	ฮ	โ	ด	ร	เ	จ	น	ด	ผ
น	◌็	น	จ	เ	◌ิ	ซ	ก	อ	อ	ณ	ป	า	ย	ภ
◌ั	เ	อ	◌ิ	น	ท	ร	◌ี	ย	◌์	ค	ด	ผ	จ	ล
ก	◌ิ	เ	ษ	ไ	ไ	ไ	ช	ธ	ส	ข	ช	ธ	ซ	ย
ไ	อ	ญ	ง	ซ	ก	ย	า	จ	ห	ญ	ผ	ถ	ท	ฟ

ด่าง
คลอรีน
อิเล็กตรอน
เอนไซม์
แก๊ส
น้ำหนัก
ไอออน
ตัวเร่ง
คาร์บอน
โลหะ
โมเลกุล
อินทรีย์
ปฏิกิริยา
อุณหภูมิ
ของเหลว
ความร้อน
ไฮโดรเจน
เกลือ
กรด
ออกซิเจน

1 - Metingen

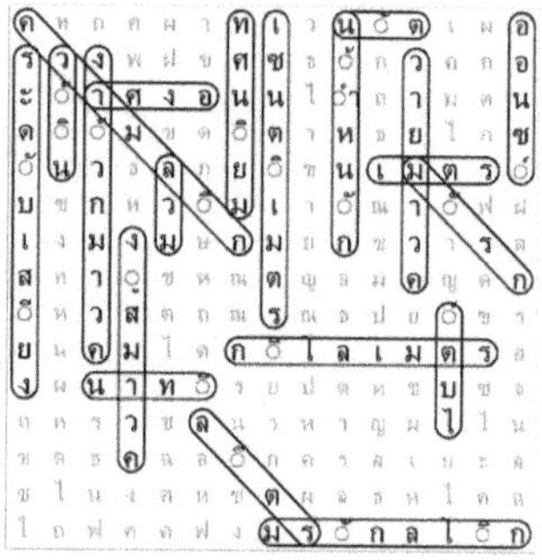

2 - Opwarming van de Aarde

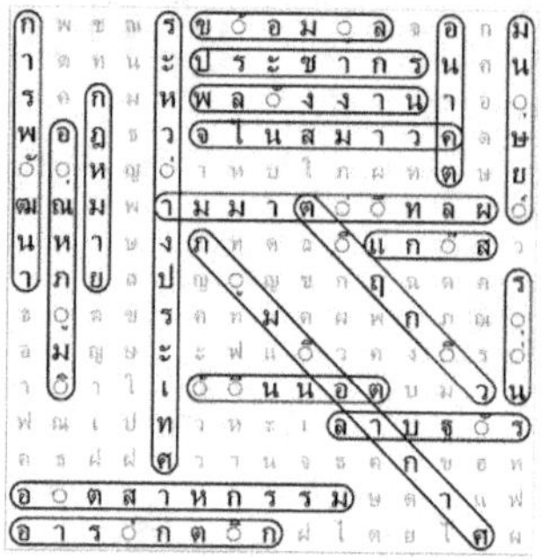

3 - Keuken

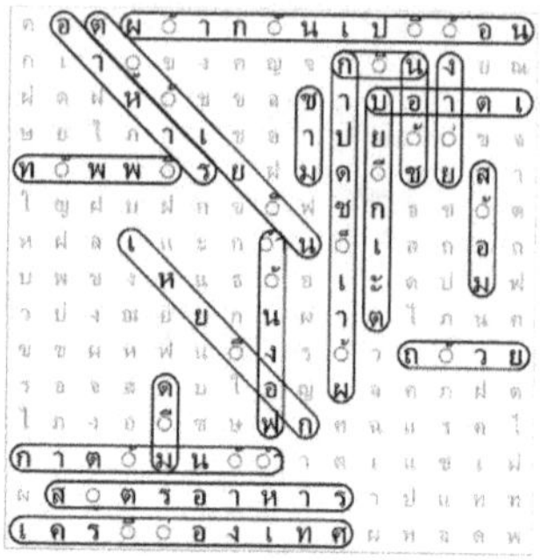

4 - Boten

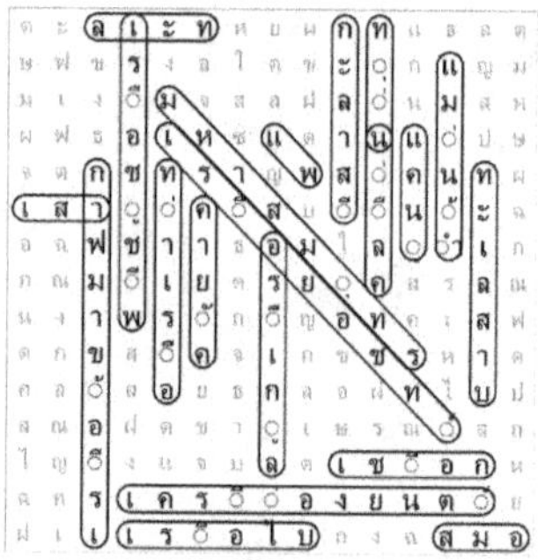

5 - Chocolade

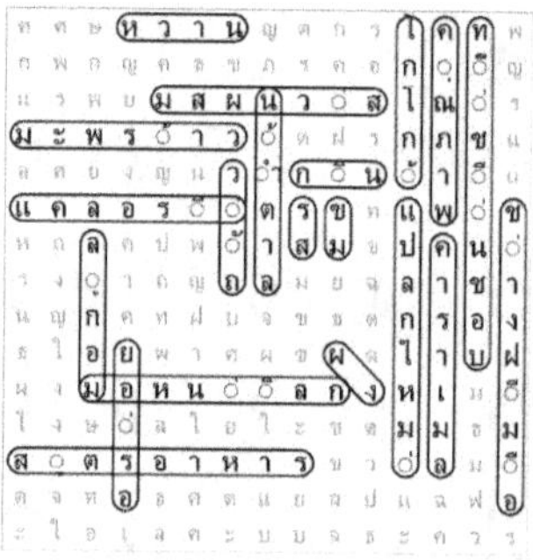

6 - Gezondheid en Welzijn #2

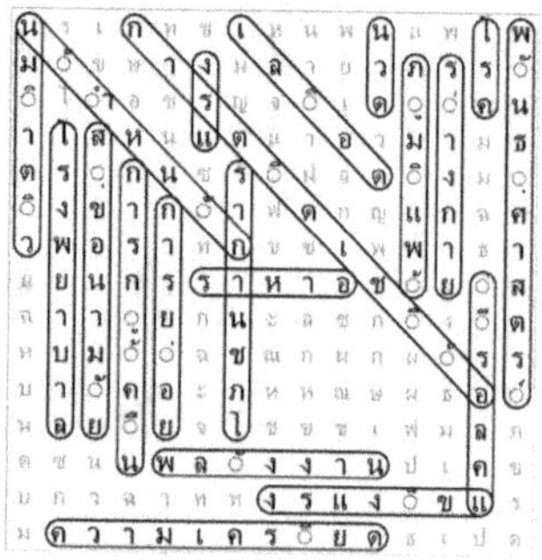

7 - Tijd

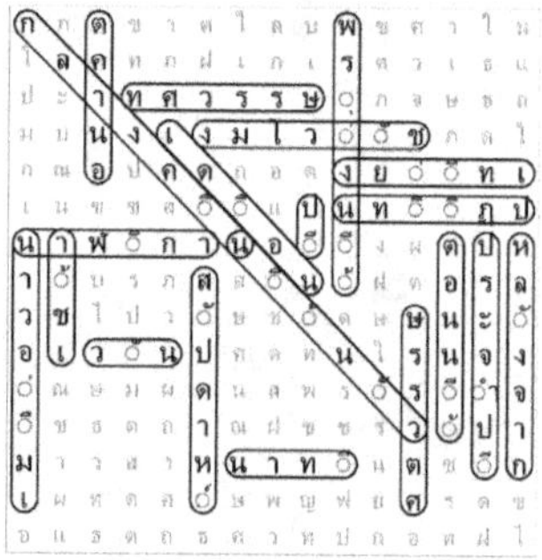

8 - Meditatie

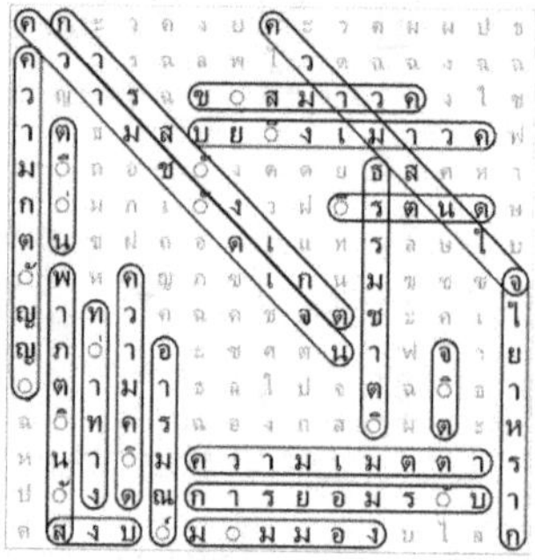

9 - Muziek

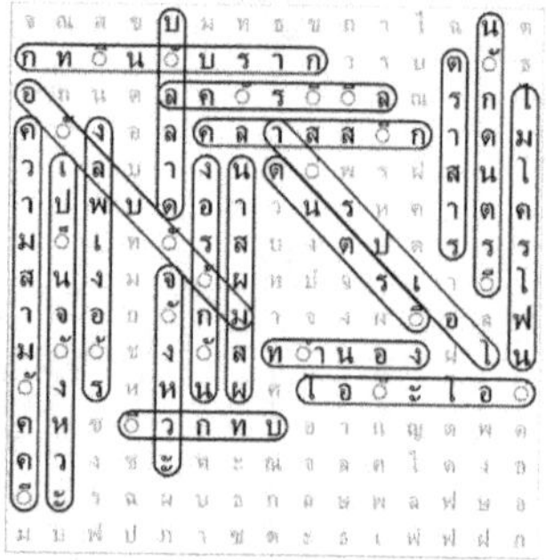

10 - Vogels

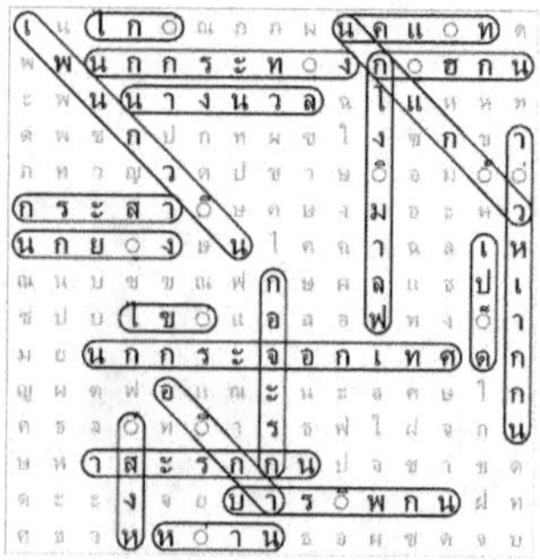

11 - Universum

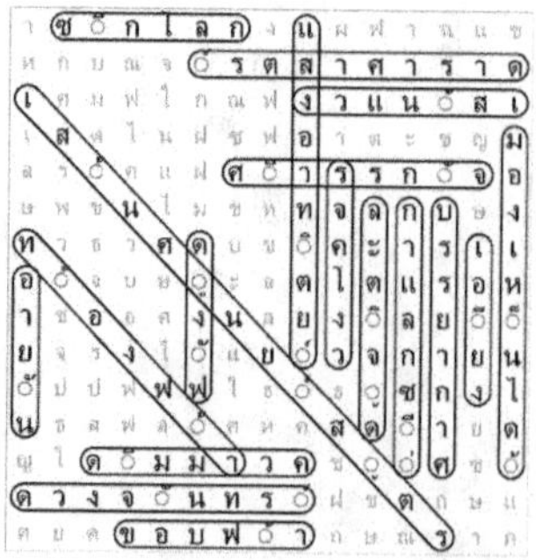

12 - Gezondheid en Welzijn #1

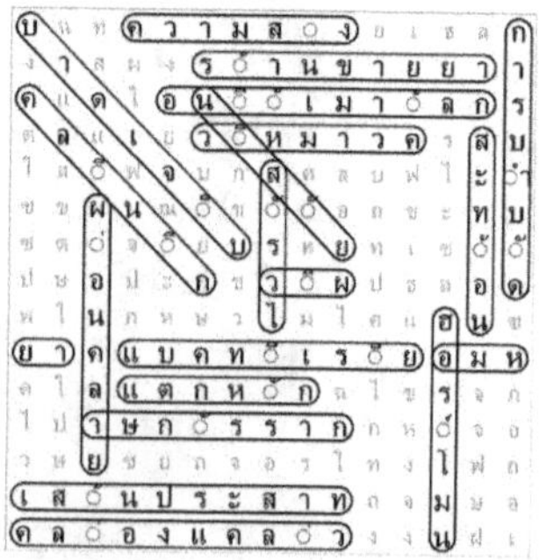

13 - Camping

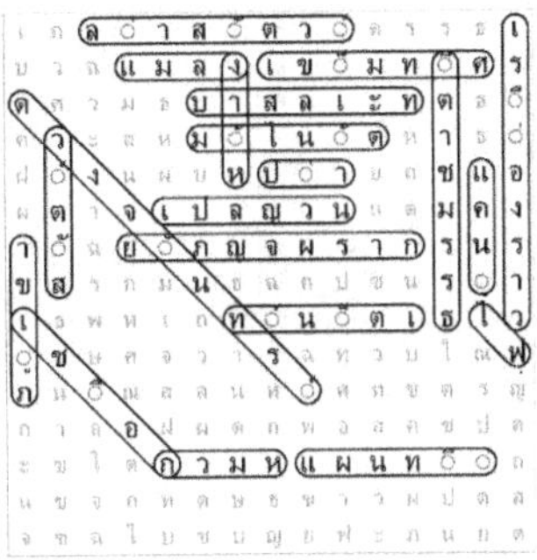

14 - Algebra

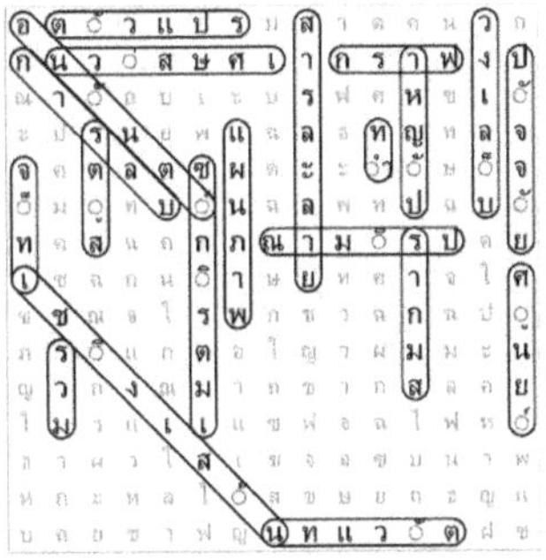

15 - Activiteiten

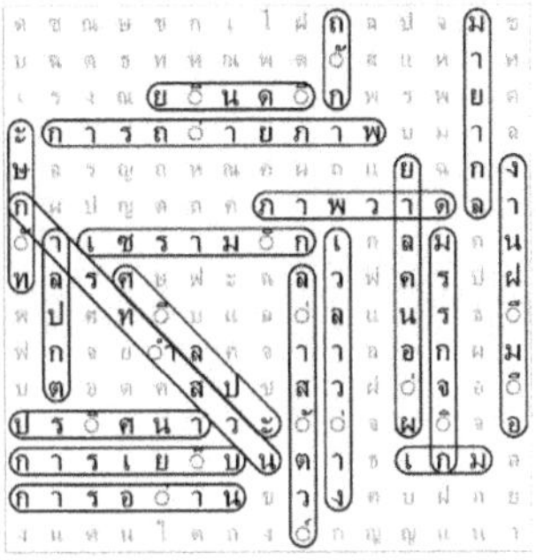

16 - Diplomatie

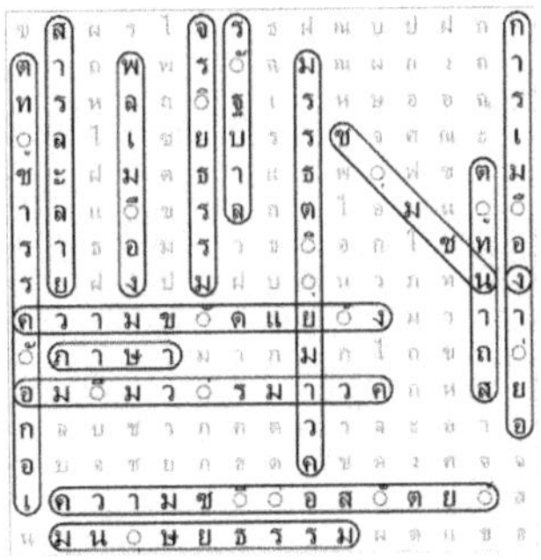

17 - Astronomie

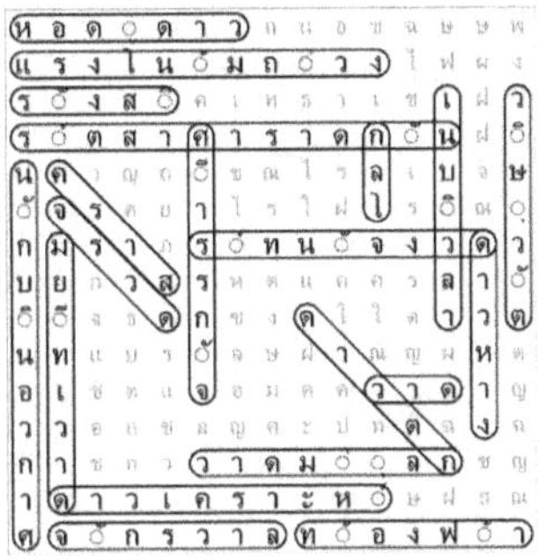

18 - Emoties

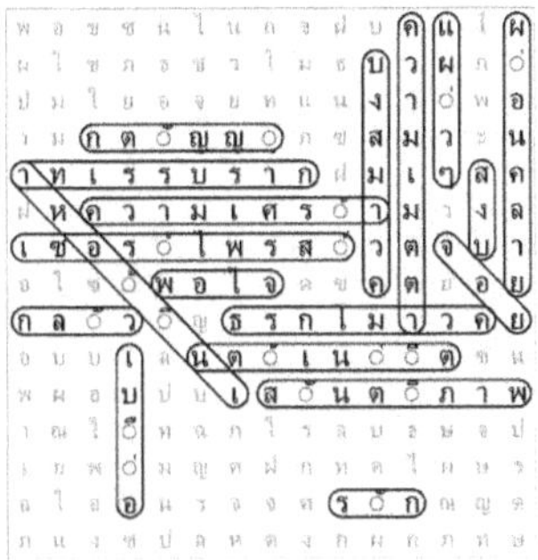

19 - Vakantie #2

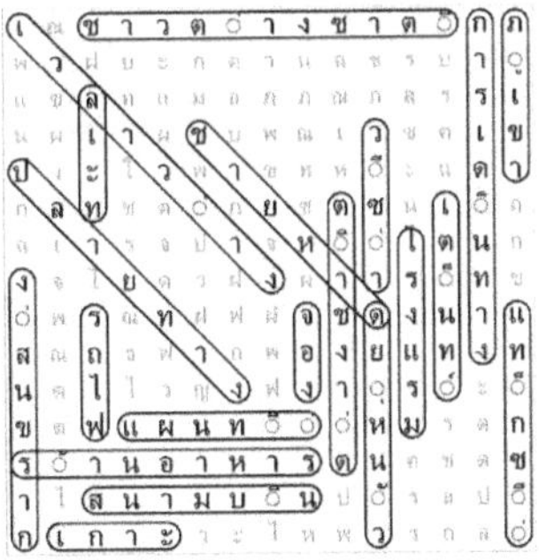

20 - Weersomstandigh

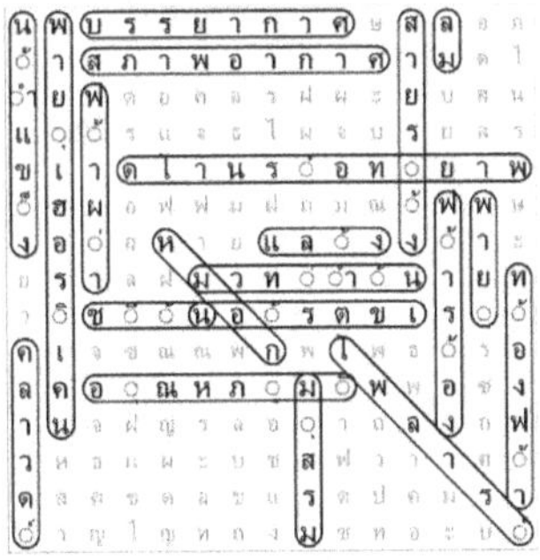

21 - Eten #2

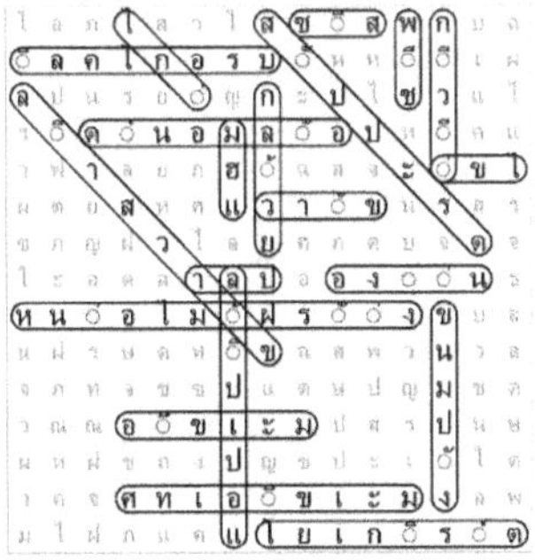

22 - Klimmen

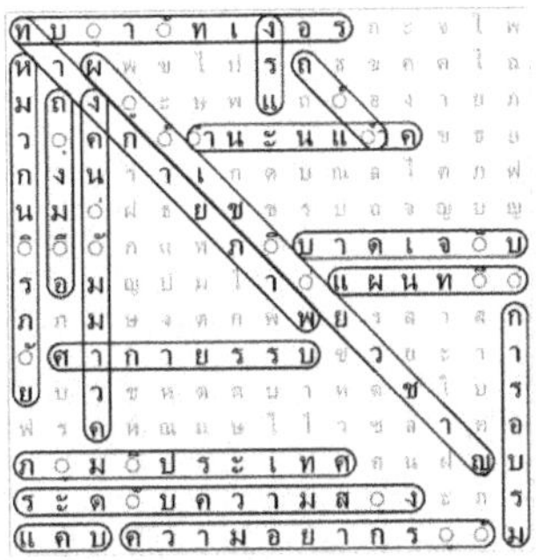

23 - Restaurant #1

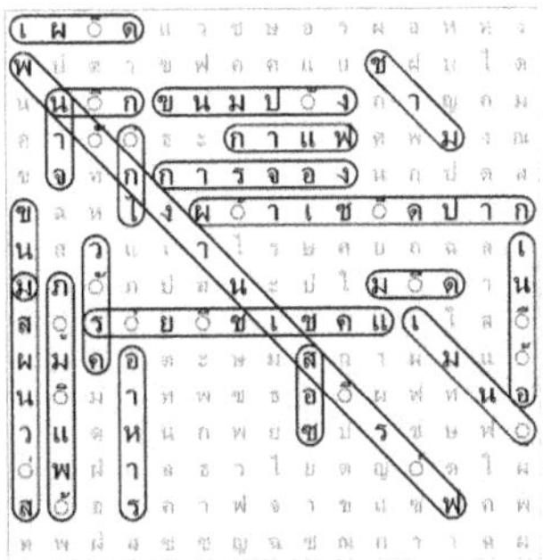

24 - Geologie

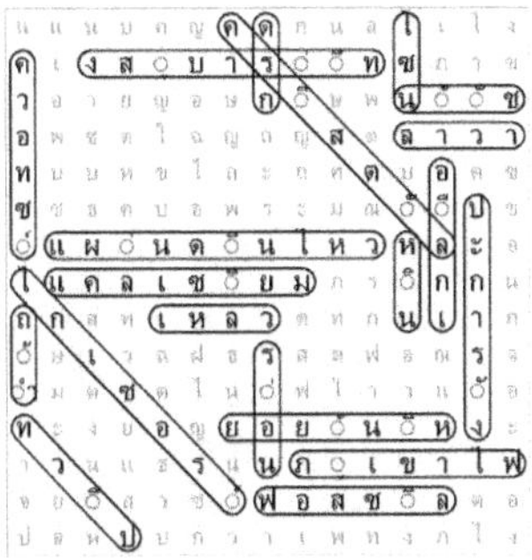

25 - Specerijen

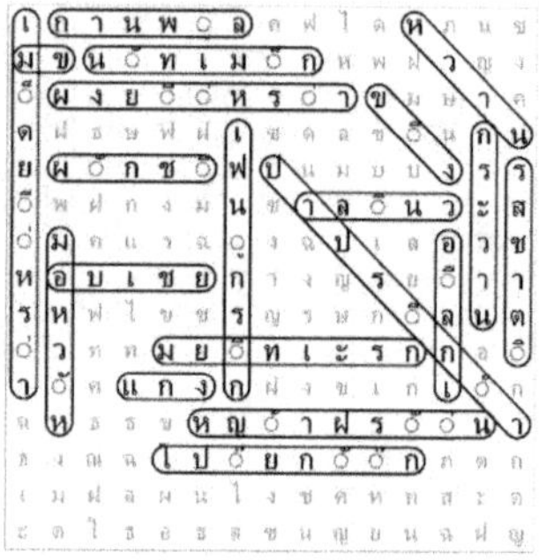

26 - Groenten

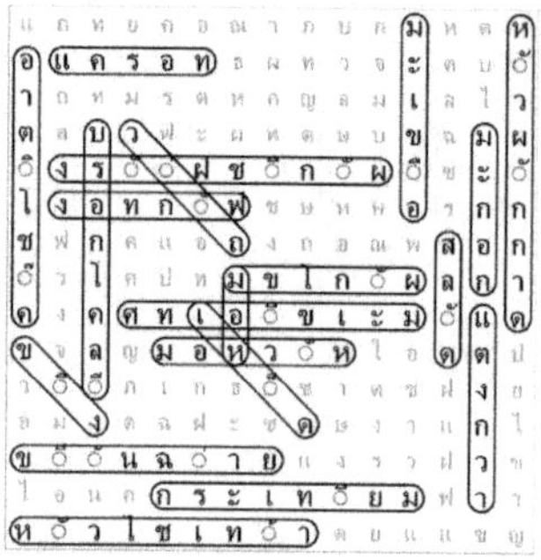

27 - Archeologie

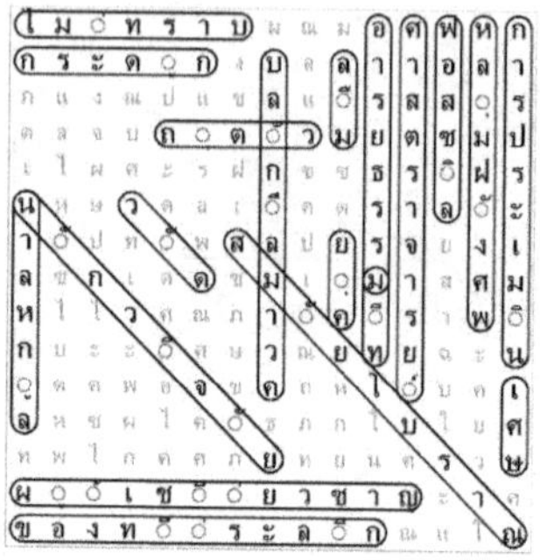

28 - Ziekte

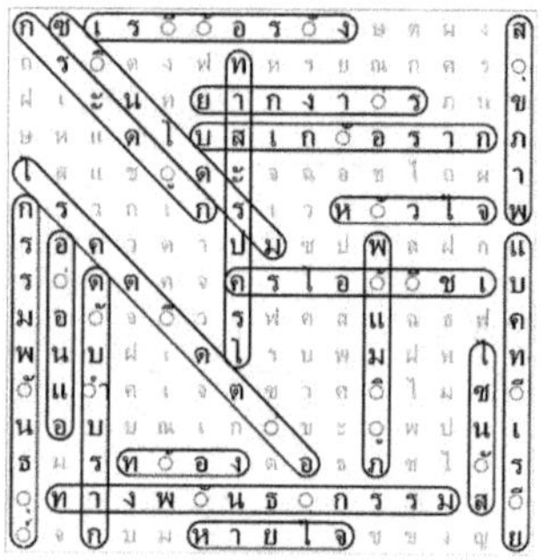

29 - Mythologie

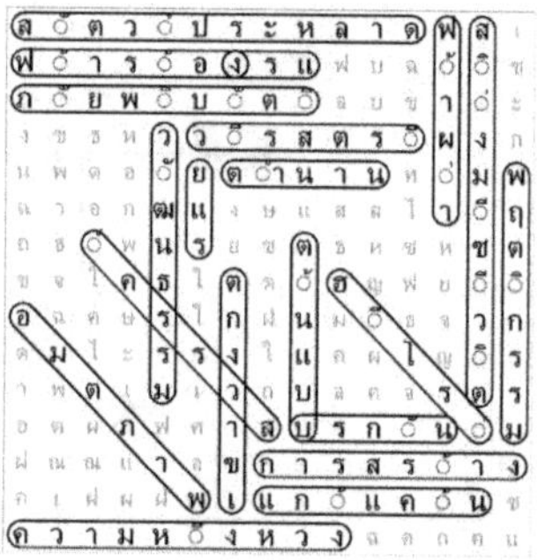

30 - Eten #1

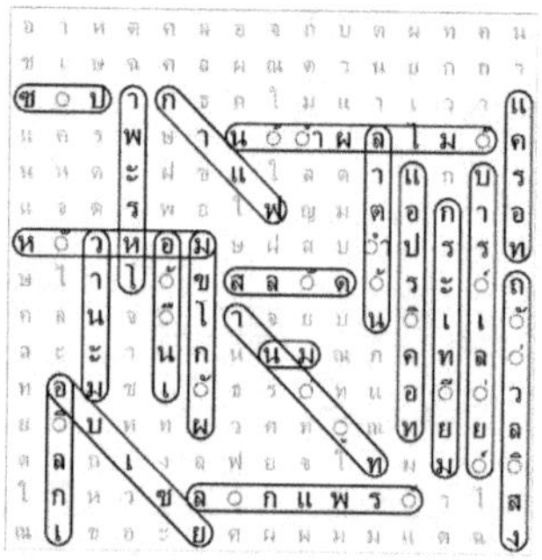

31 - Avontuur

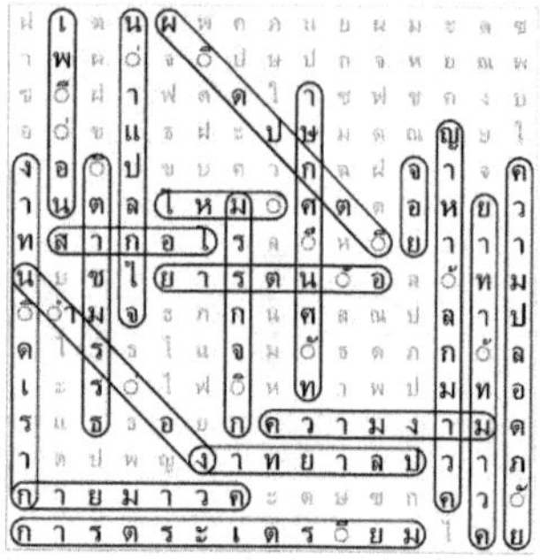

32 - Restaurant #2

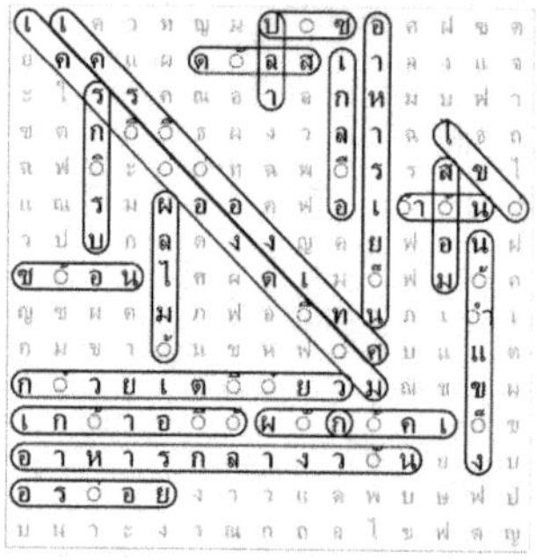

33 - De Media

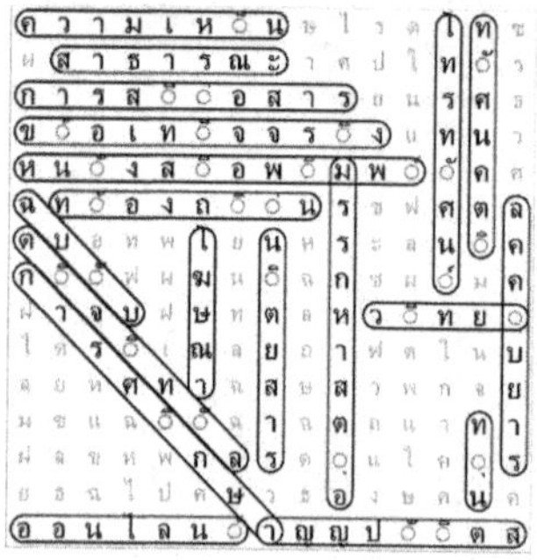

34 - Bijen

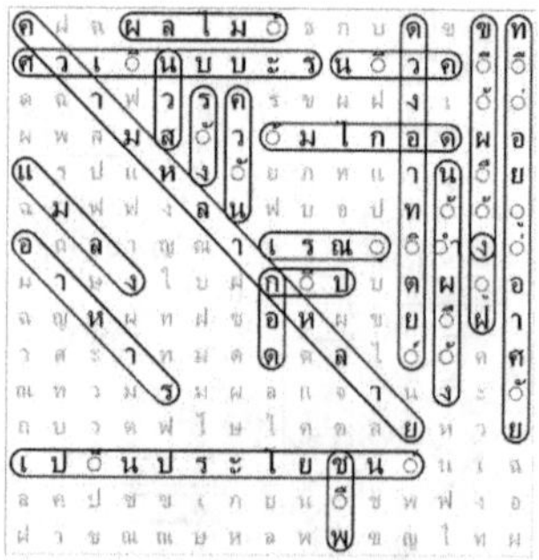

35 - Wandelen

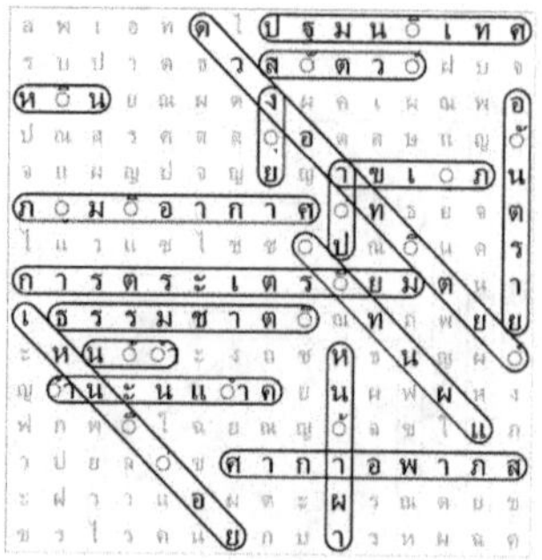

36 - Ecologie

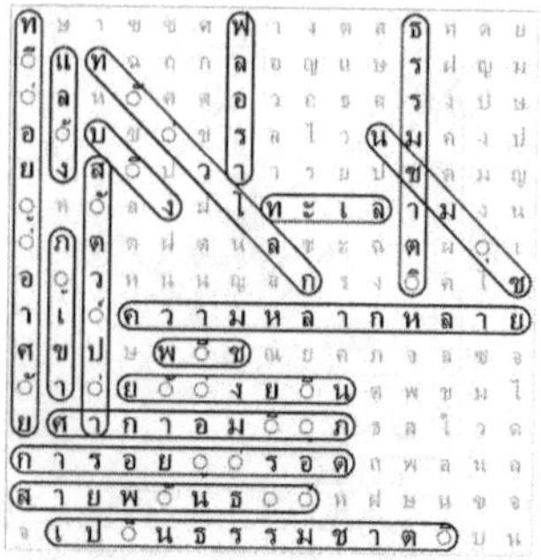

37 - Biologie

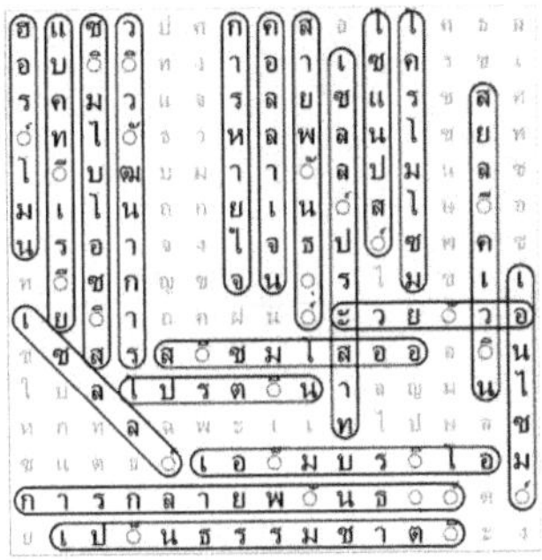

38 - Landen #1

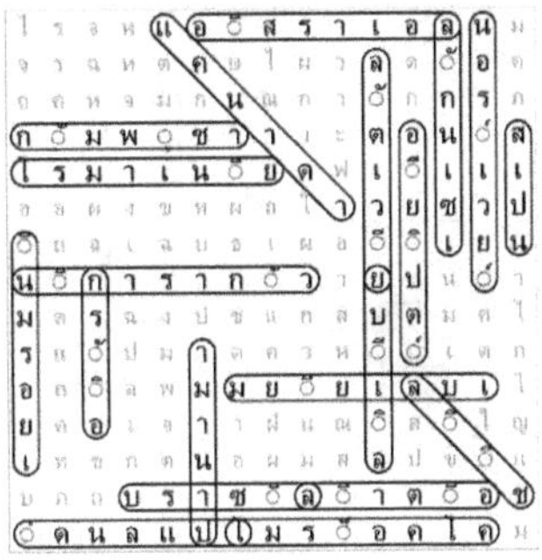

39 - Installaties

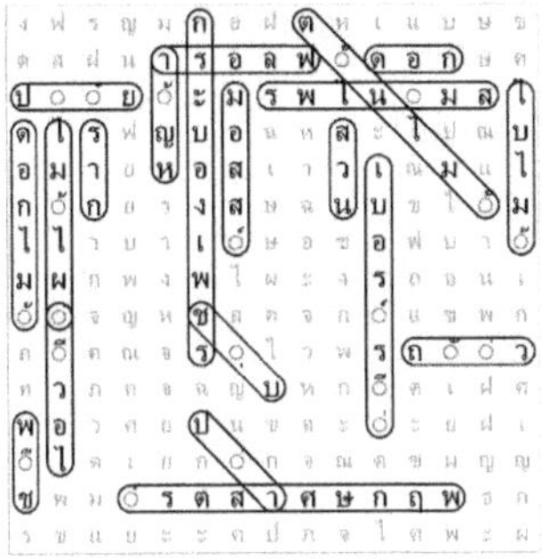

40 - Agronomie

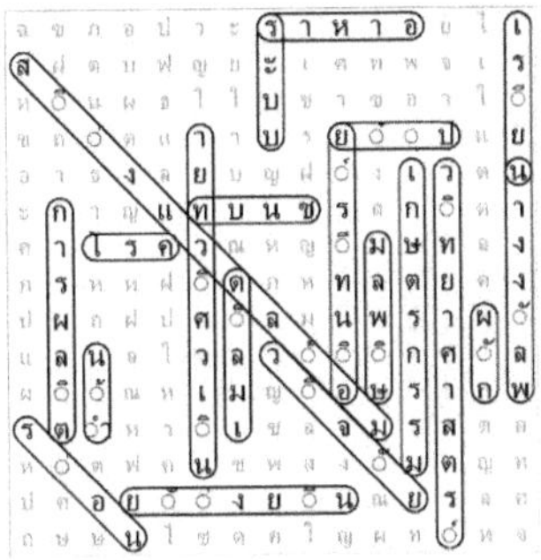

41 - Oceaan

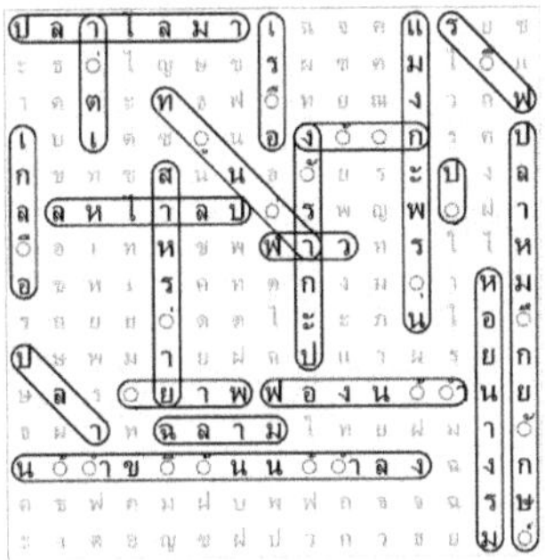

42 - Landen #2

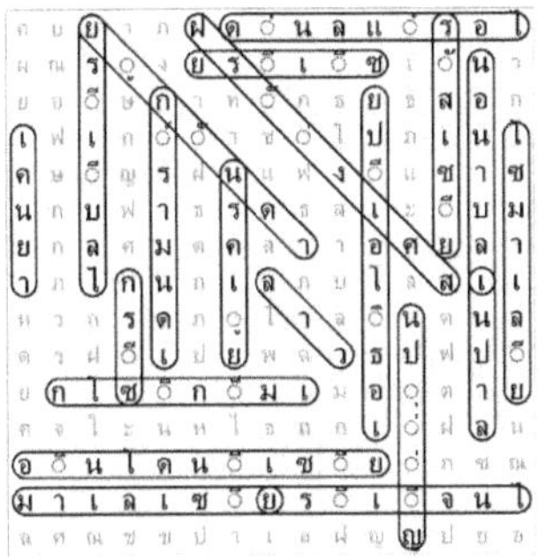

43 - Bloemen

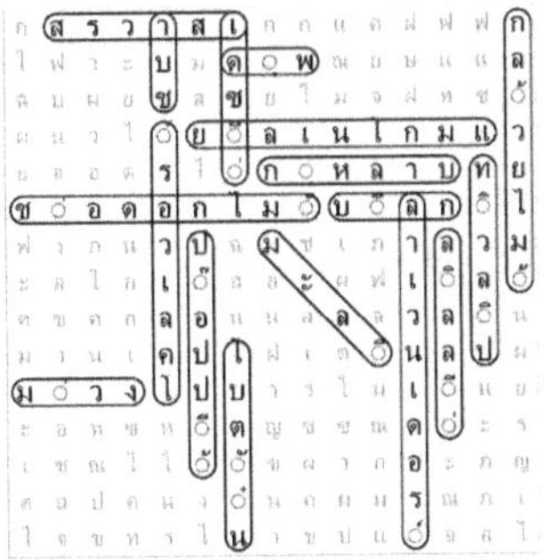

44 - Landschappen

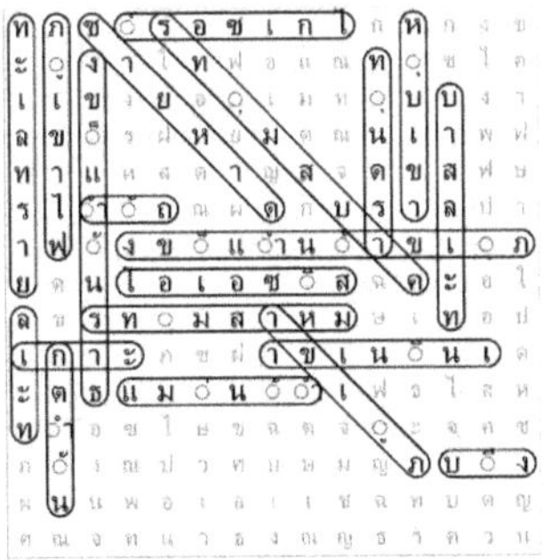

45 - Tuin

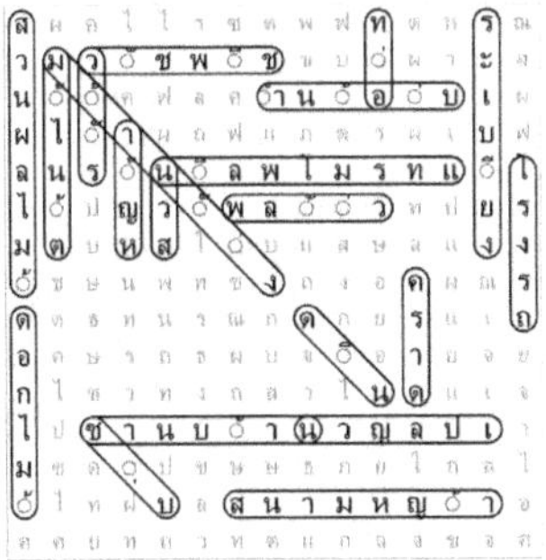

46 - Beroepen #2

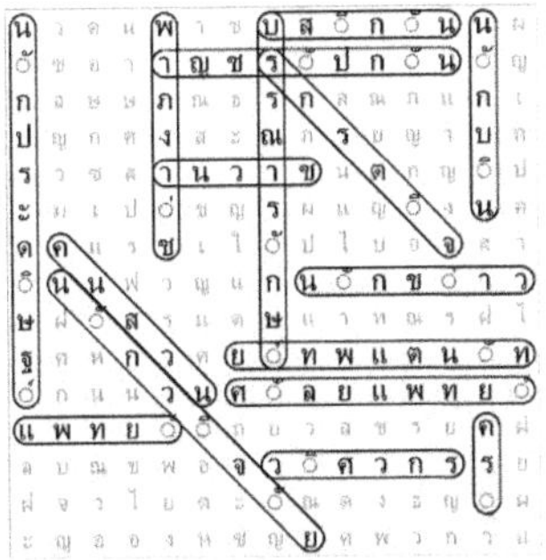

47 - Dagen en Maanden

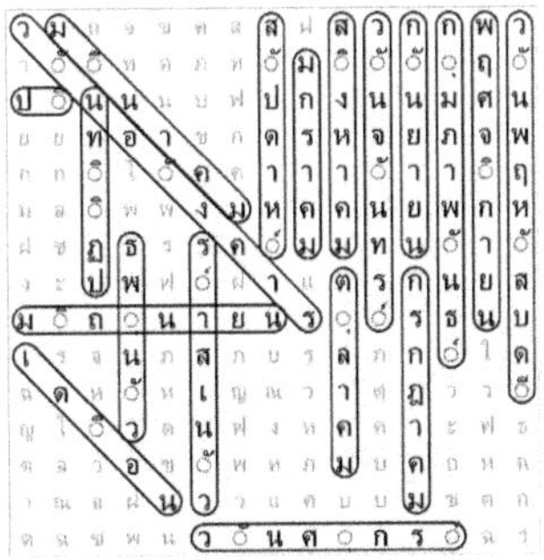

48 - Beeldende Kunsten

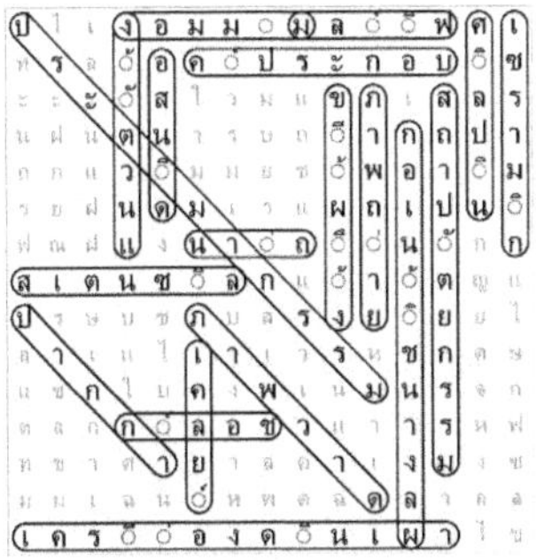

49 - Menselijk Lichaam

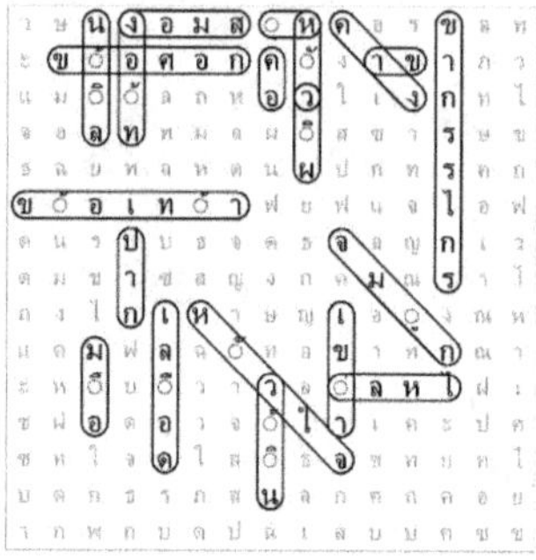

50 - Energie

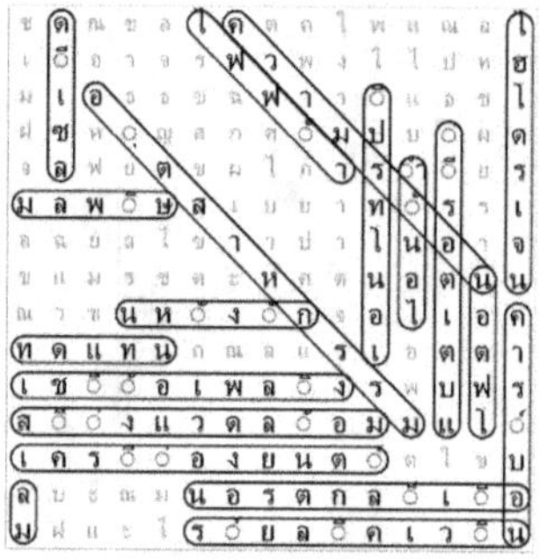

51 - Familie

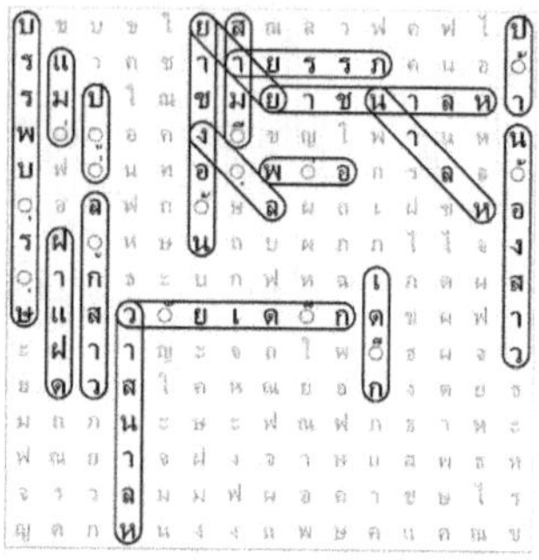

52 - Gebouwen

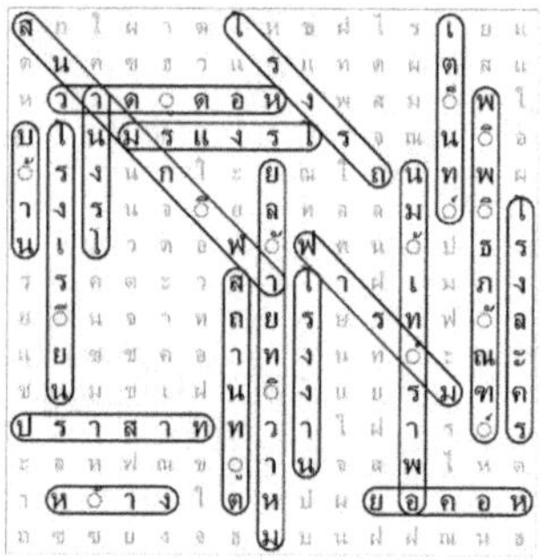

53 - Kunst

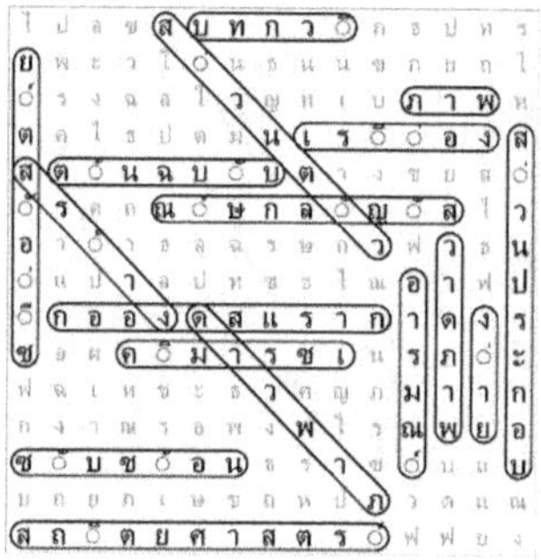

54 - Beroepen #1

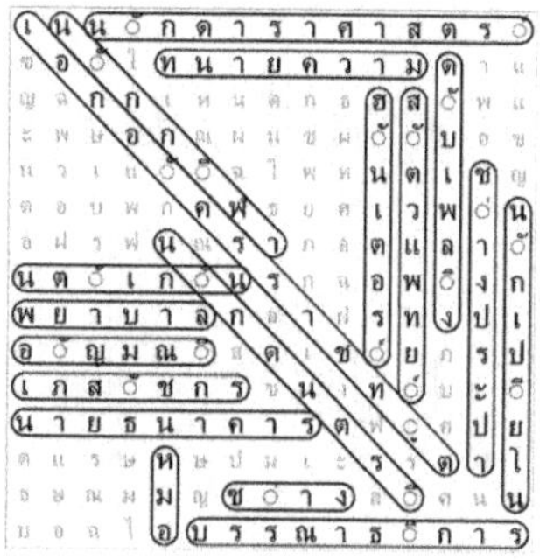

55 - Antarctica

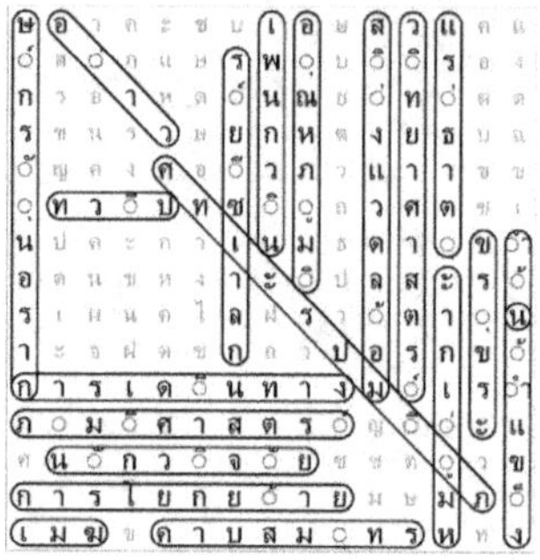

56 - Ballet

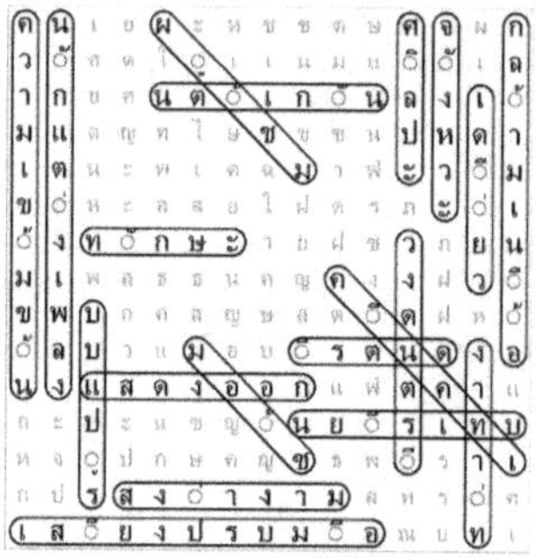

57 - Fruit

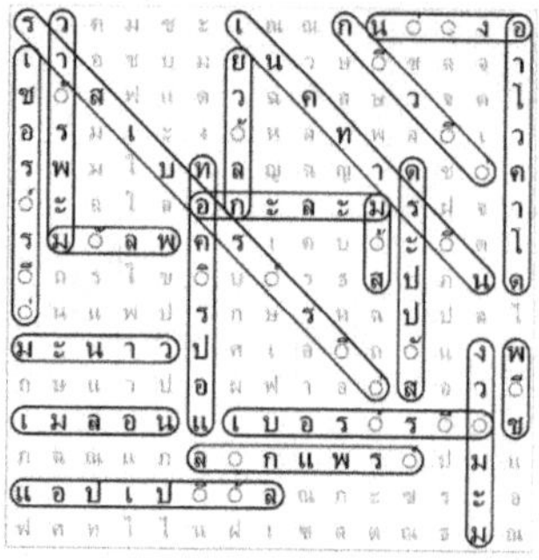

58 - Engineering

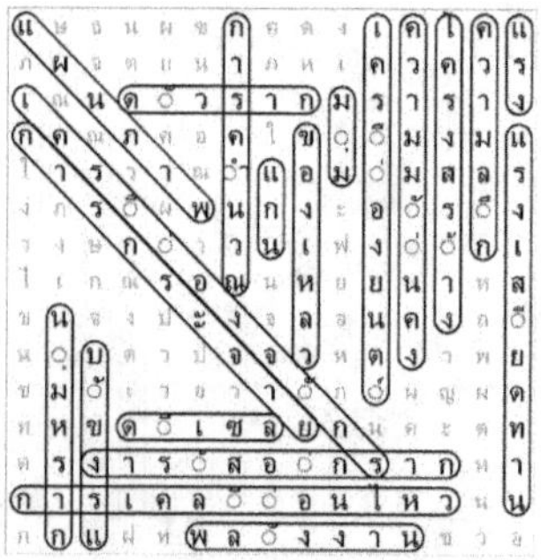

59 - Literatuur

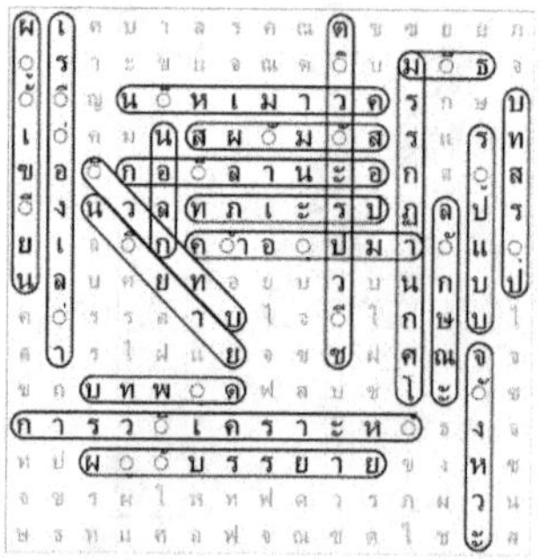

60 - Technologie

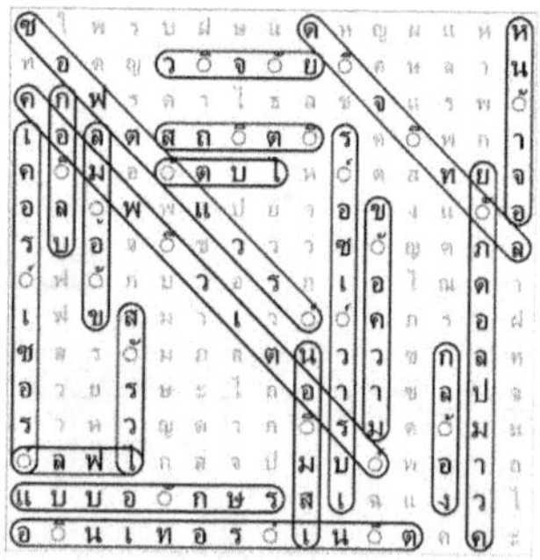

61 - Boeken

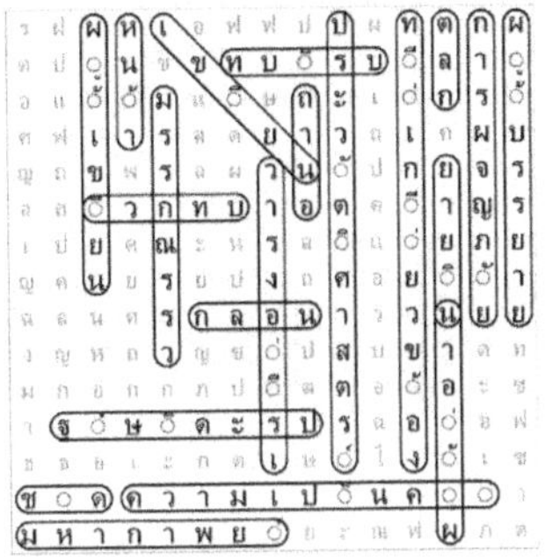

62 - Meer Informatie

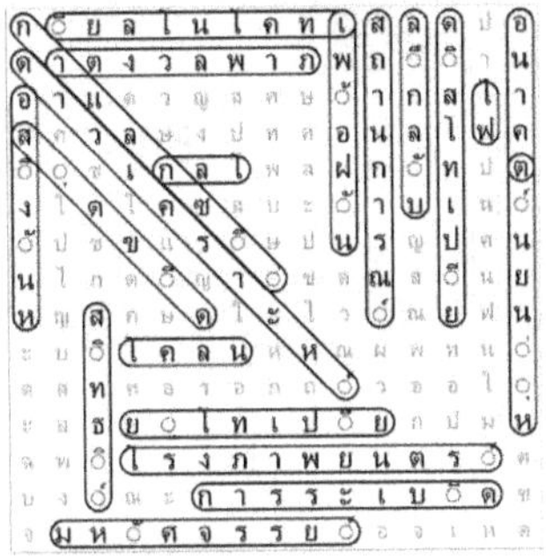

63 - Haartypes

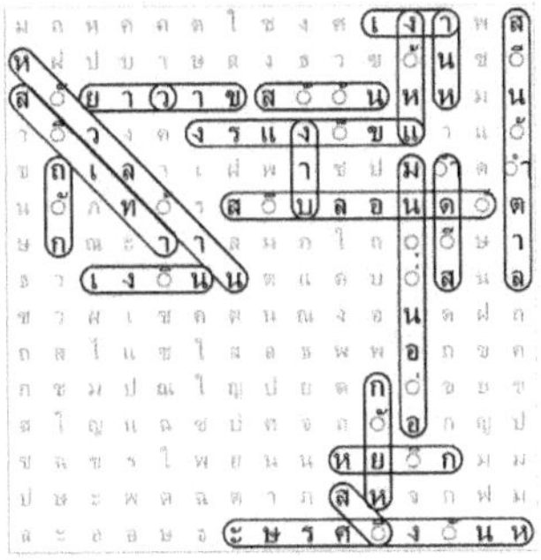

64 - Stad

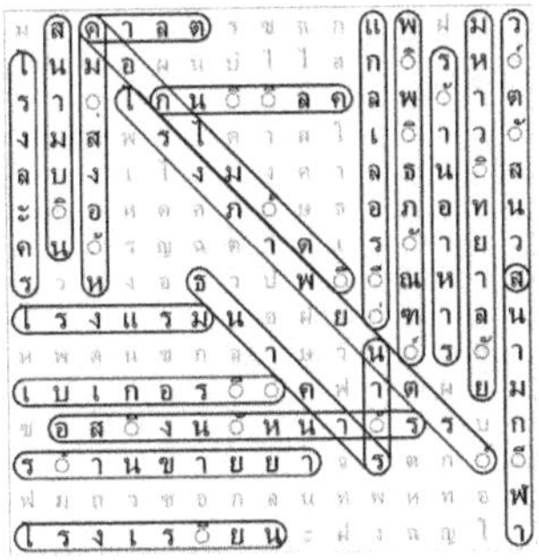

65 - Creativiteit

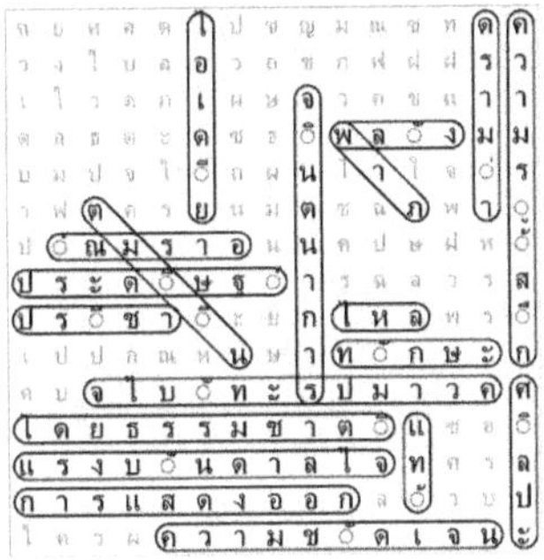

66 - Natuur

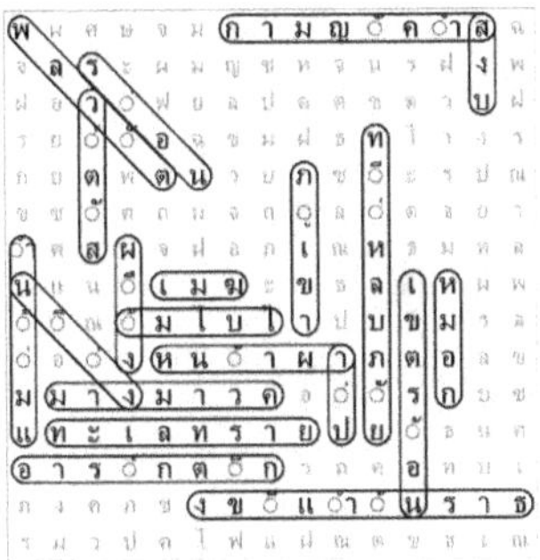

67 - Zoogdieren

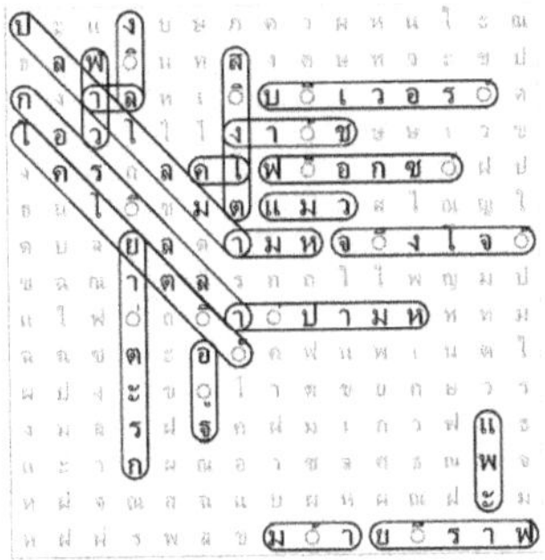

68 - Overheid

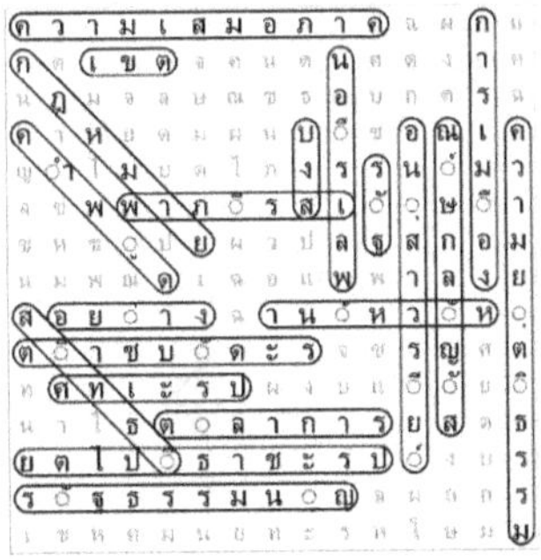

69 - Voertuigen

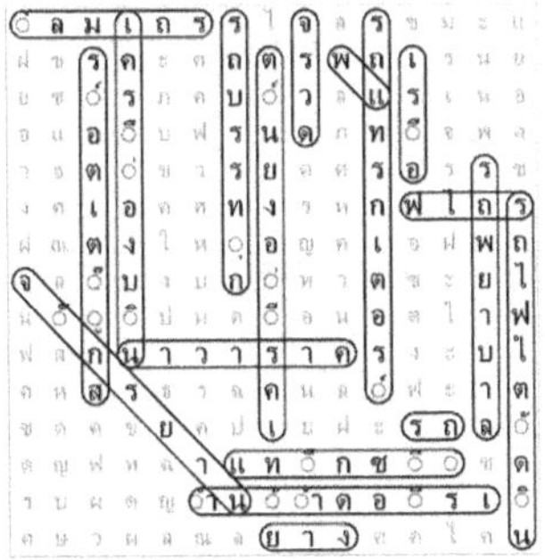

70 - Geografie

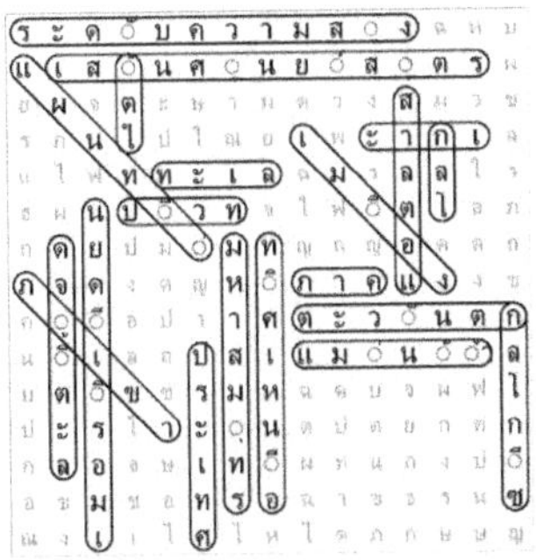

71 - Kunstbenodigdhe

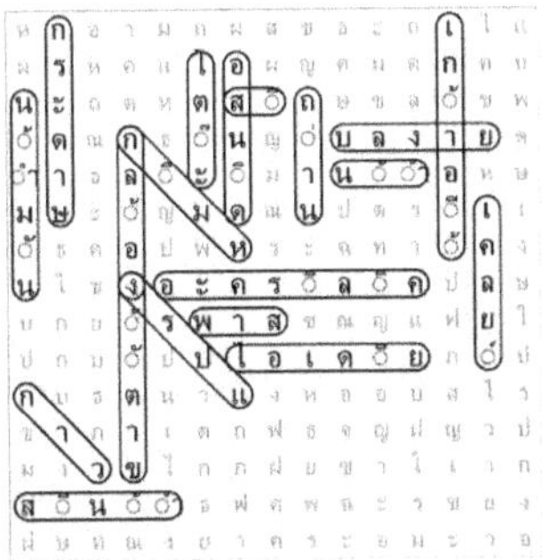

72 - Barbecues

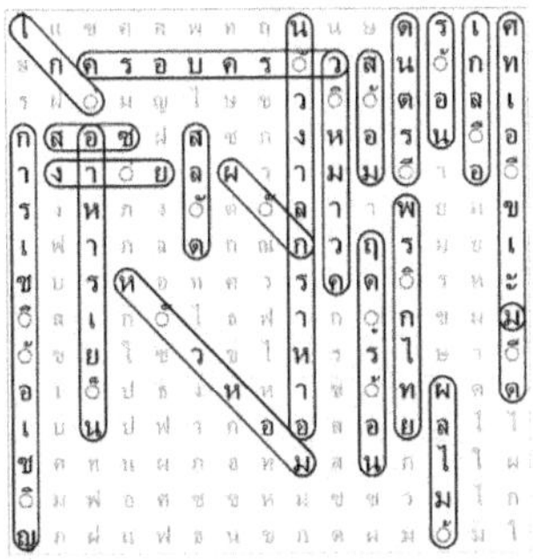

73 - Schoonheid

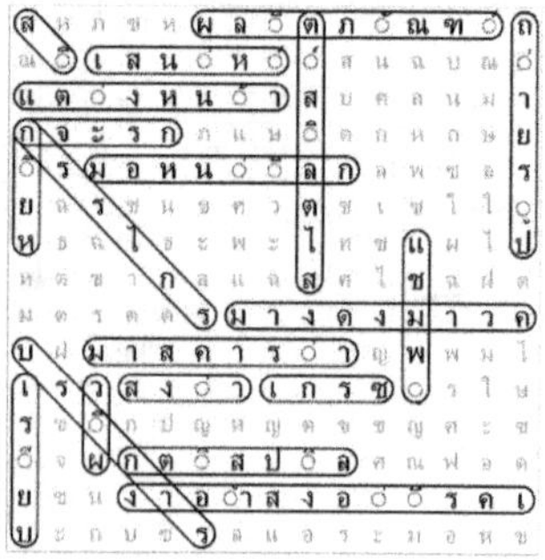

74 - Wetenschappelijk

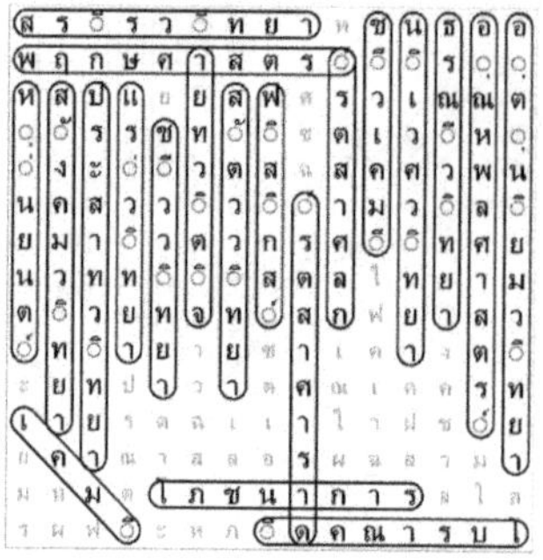

75 - Bijvoeglijke Naamwoorden

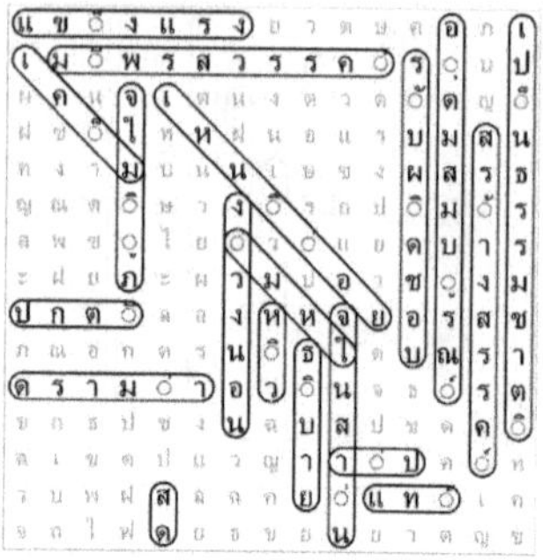

76 - Kleding

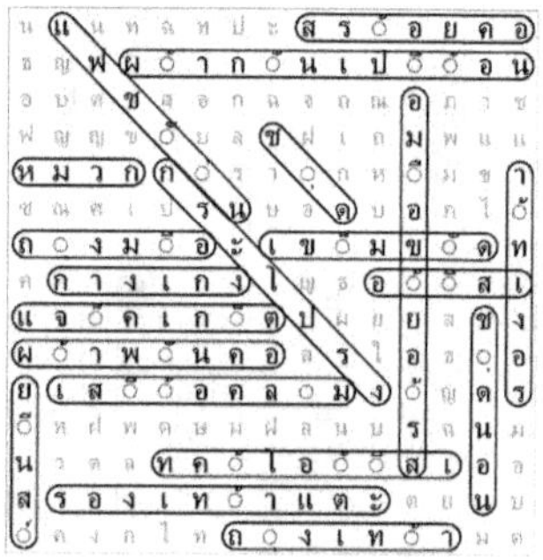

77 - Vliegtuigen

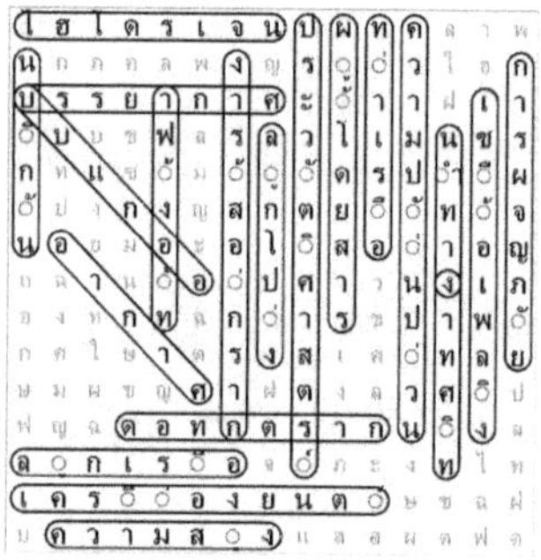

78 - Herbalisme

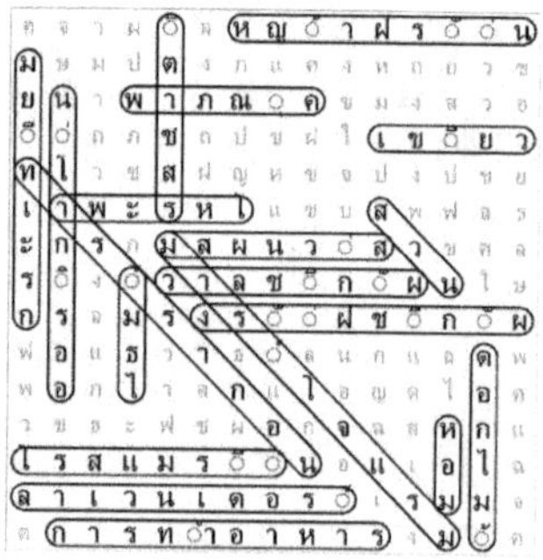

79 - Kracht en Zwaartekracht

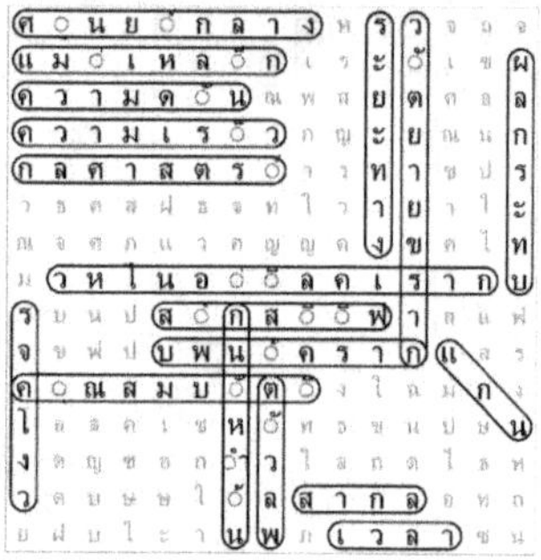

80 - Het Bedrijf

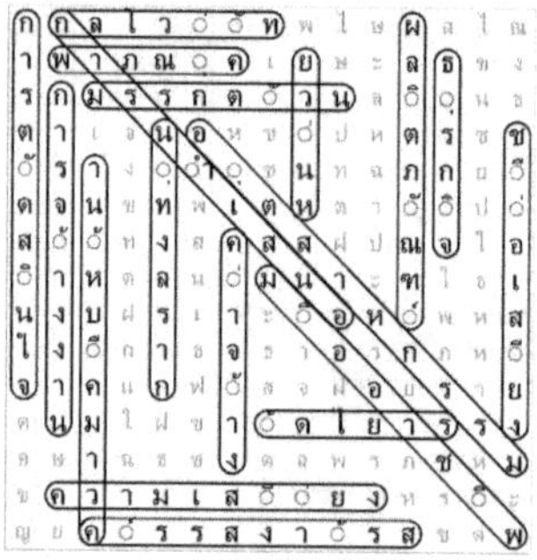

81 - Rijden

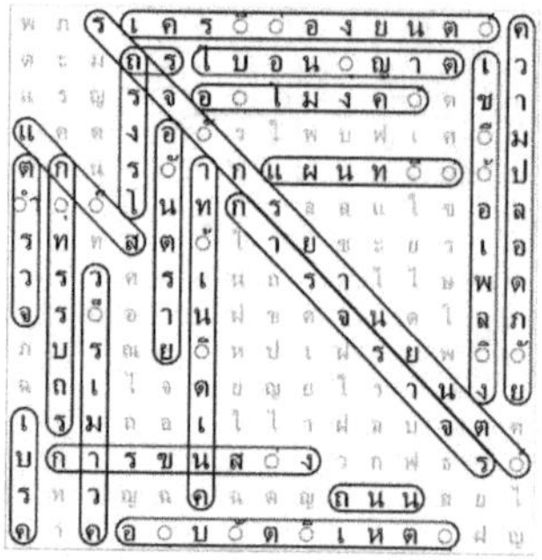

82 - Wetenschap

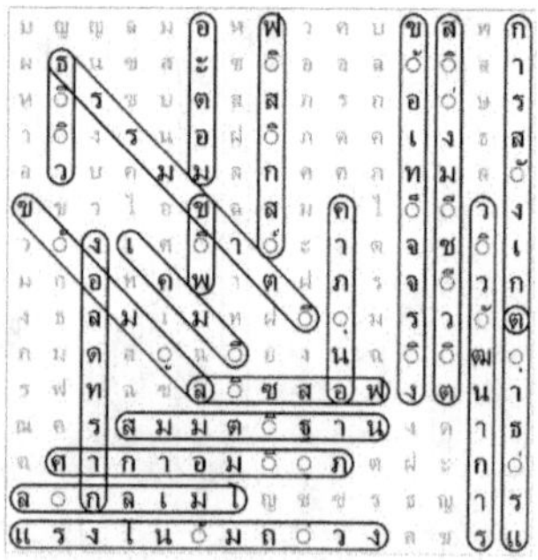

83 - Natuurkunde

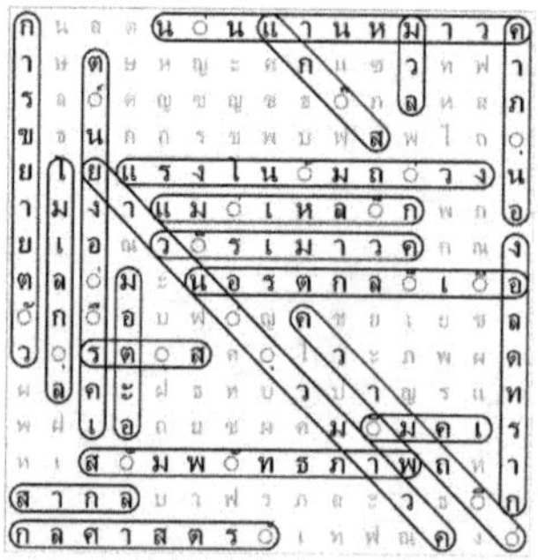

84 - Muziekinstrument

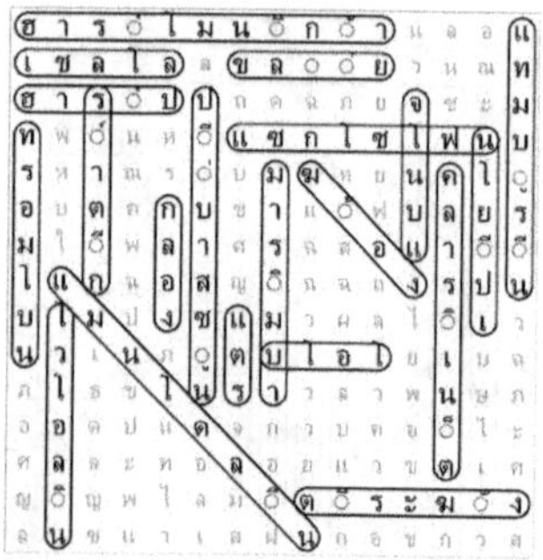

85 - Antiek

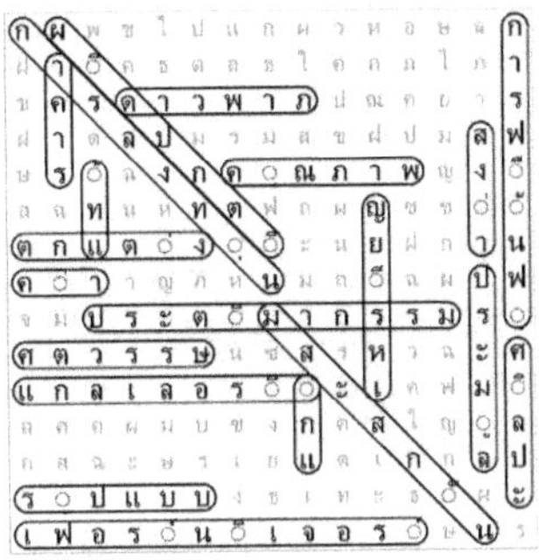

86 - Water

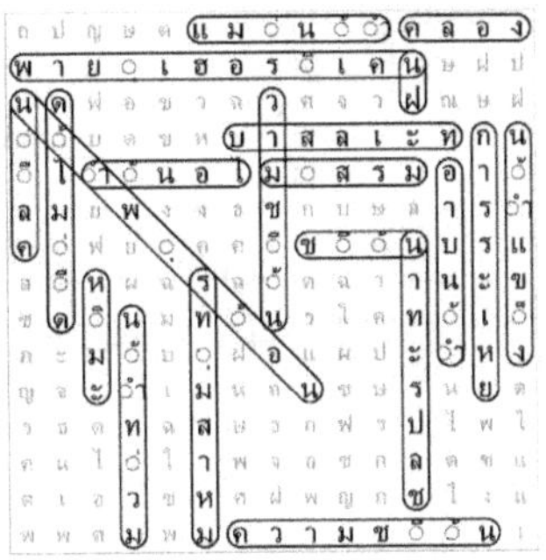

87 - Koffie

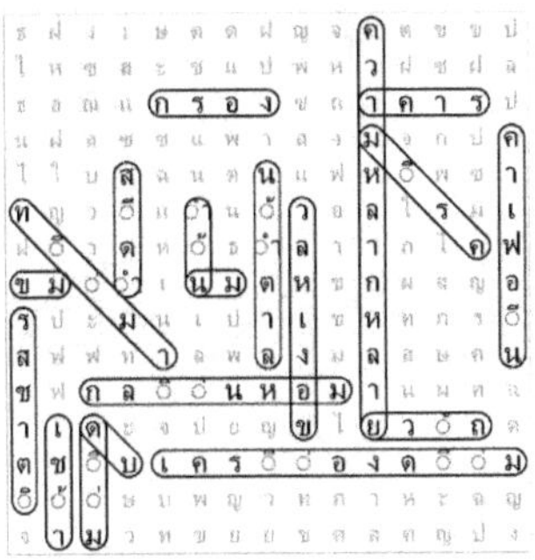

88 - Schaken

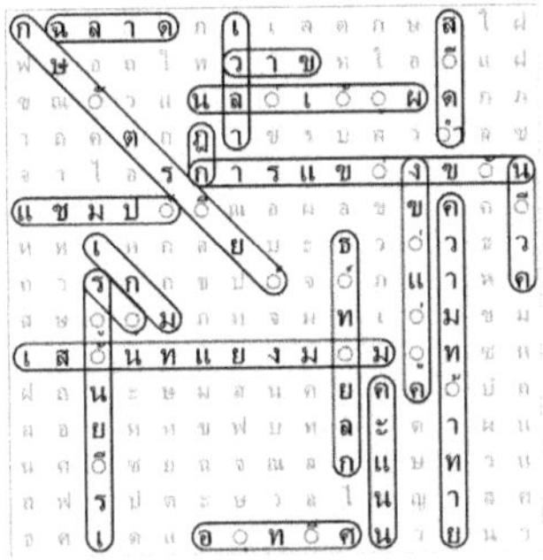

89 - Boerderij #1

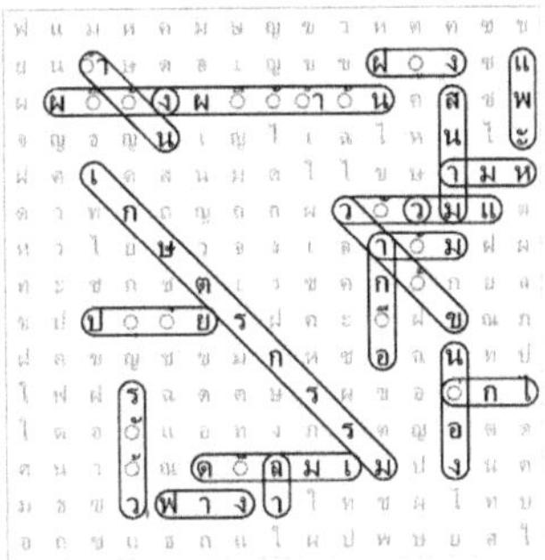

90 - Huis

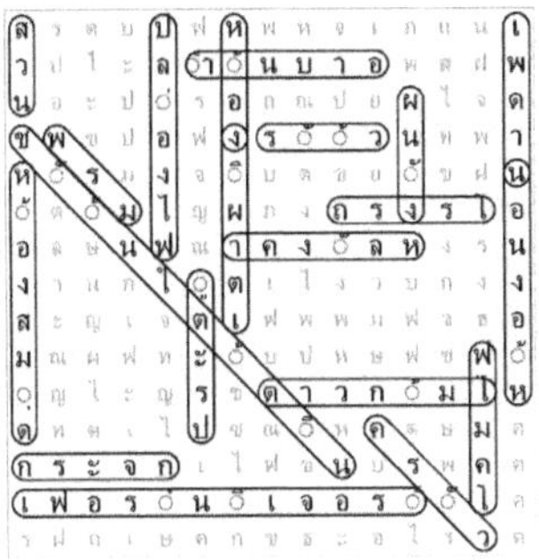

91 - Geometrie

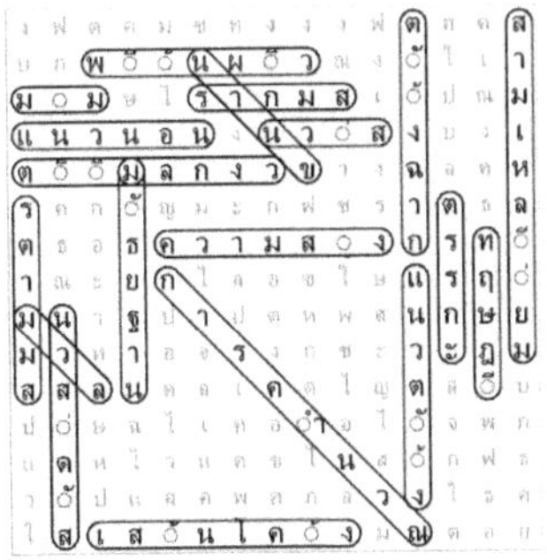

92 - Jazz

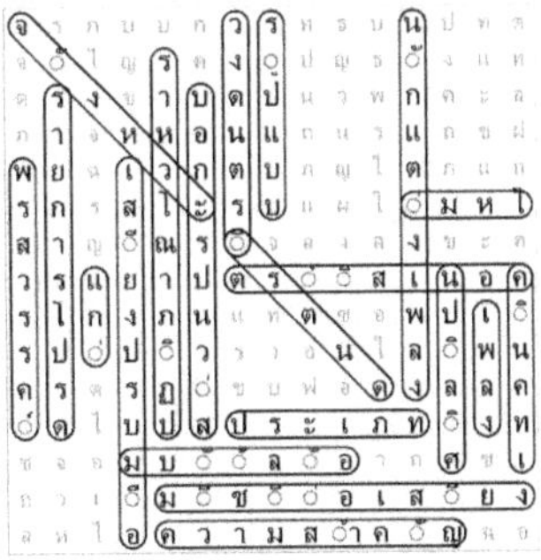

93 - Getallen

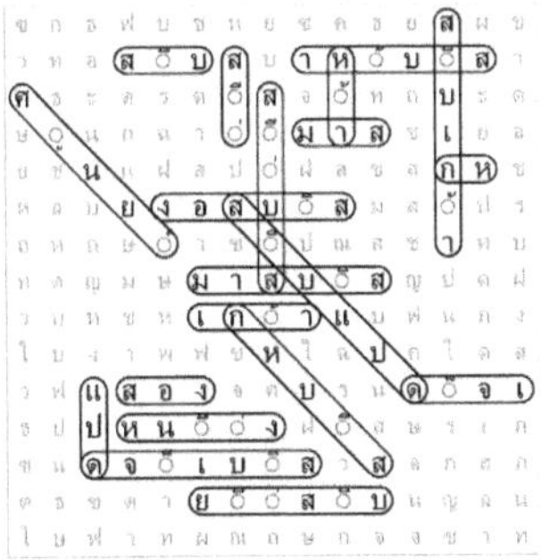

94 - Boksen

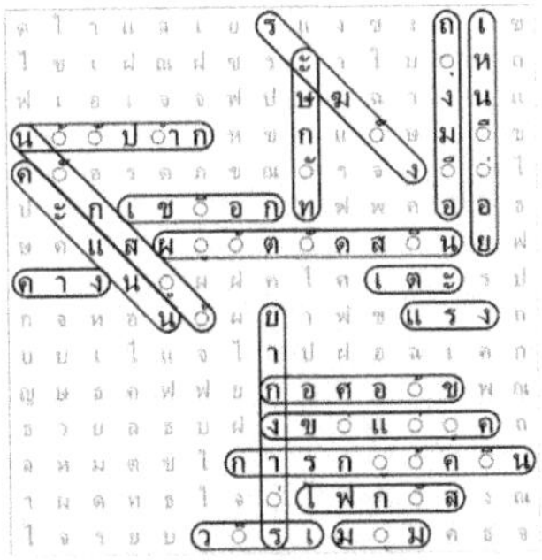

95 - Boerderij #2

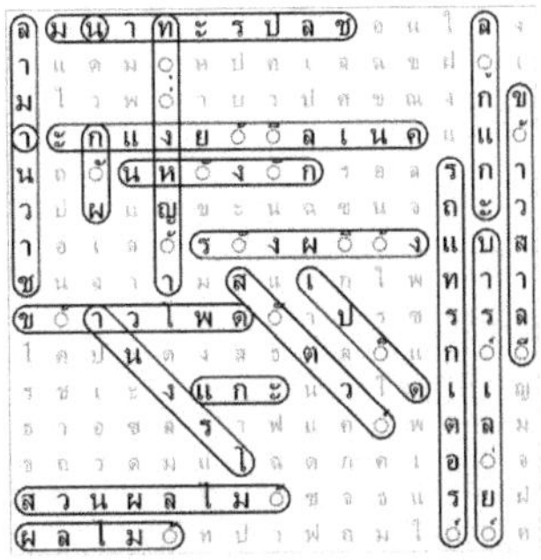

96 - Psychologie

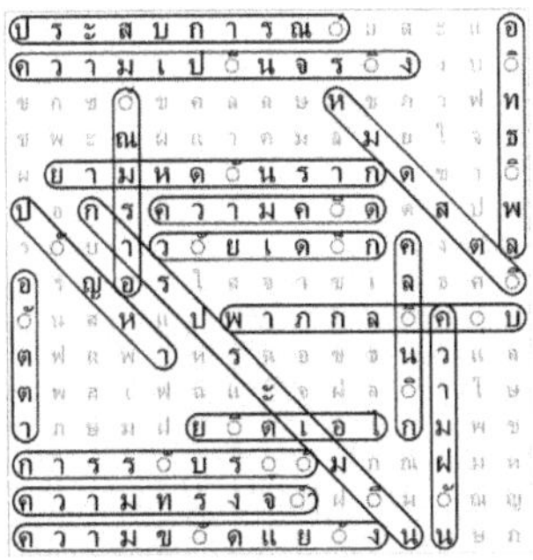

97 - Zakelijk

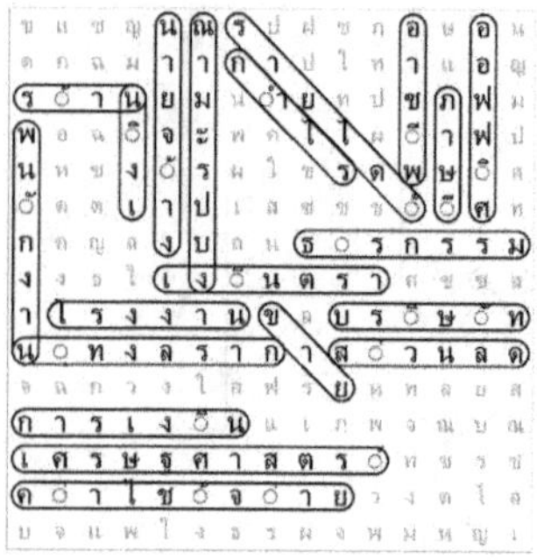

98 - Voeding

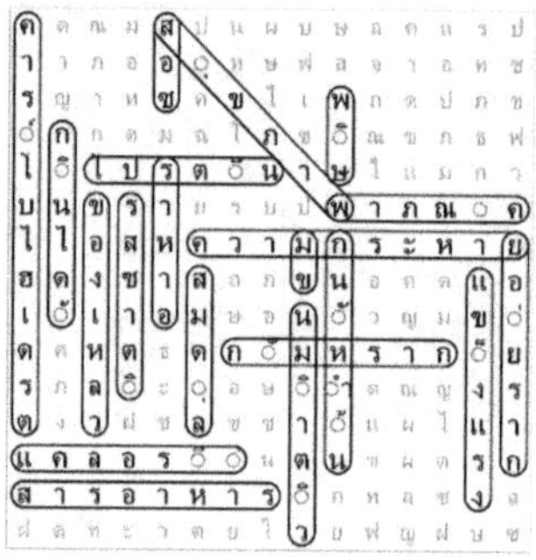

99 - Chemie

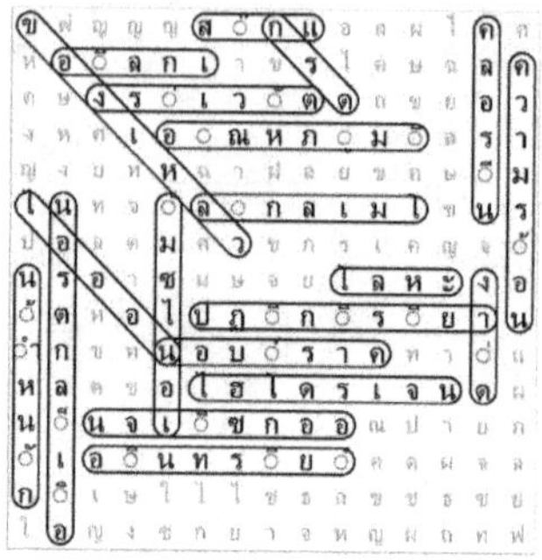

Woordenboek

Activiteiten
กิจกรรมต่างๆ

Activiteit	กิจกรรม
Ambachten	งานฝีมือ
Breien	ถัก
Fotografie	การถ่ายภาพ
Games	เกม
Hengelsport	ตกปลา
Jacht	ล่าสัตว์
Keramiek	เซรามิก
Kunst	ศิลปะ
Lezen	การอ่าน
Magie	มายากล
Naaien	การเย็บ
Ontspanning	ผ่อนคลาย
Plezier	ยินดี
Puzzels	ปริศนา
Schilderij	ภาพวาด
Tuinieren	การทำสวน
Vaardigheid	ทักษะ
Vrije Tijd	เวลาว่าง

Agronomie
ปฐพีวิทยา

Duurzaam	ยั่งยืน
Ecologie	นิเวศวิทยา
Energie	พลังงาน
Erosie	ร่อน
Groente	ผัก
Landbouw	เกษตรกรรม
Landelijk	ชนบท
Mest	ปุ๋ย
Omgeving	สิ่งแวดล้อม
Onderzoek	วิจัย
Organisch	อินทรีย์
Productie	การผลิต
Studie	เรียน
Systemen	ระบบ
Vervuiling	มลพิษ
Voedsel	อาหาร
Water	น้ำ
Wetenschap	วิทยาศาสตร์
Zaden	เมล็ด
Ziekten	โรค

Algebra
พีชคณิต

Aftrekken	การลบ
Diagram	แผนภาพ
Exponent	ตัวแทน
Factor	ปัจจัย
Formule	สูตร
Fractie	เศษส่วน
Grafiek	กราฟ
Haakje	วงเล็บ
Hoeveelheid	ปริมาณ
Lineair	เชิงเส้น
Matrix	เมตริกซ์
Nul	ศูนย์
Oneindig	อนันต์
Oplossing	สารละลาย
Probleem	ปัญหา
Som	รวม
Vals	เท็จ
Variabele	ตัวแปร
Vereenvoudigen	ทำ
Vergelijking	สมการ

Antarctica
ทวีปแอนตาร์กติกา

Baai	อ่าว
Behoud	การอนุรักษ์
Continent	ทวีป
Eilanden	หมู่เกาะ
Expeditie	การเดินทาง
Geografie	ภูมิศาสตร์
Gletsjers	กลาเซียร์
Ijs	น้ำแข็ง
Migratie	การโยกย้าย
Mineralen	แร่ธาตุ
Omgeving	สิ่งแวดล้อม
Onderzoeker	นักวิจัย
Pinguïn	เพนกวิน
Rotsachtig	ขรุขระ
Schiereiland	คาบสมุทร
Temperatuur	อุณหภูมิ
Topografie	ภูมิประเทศ
Water	น้ำ
Wetenschappelijk	วิทยาศาสตร์
Wolken	เมฆ

Antiek
ของเก่า

Authentiek	แท้
Beeldhouwwerk	ประติมากรรม
Decoratief	ตกแต่ง
Eeuw	ศตวรรษ
Elegant	สง่า
Galerij	แกลเลอรี่
Investering	การลงทุน
Kunst	ศิลปะ
Kwaliteit	คุณภาพ
Meubilair	เฟอร์นิเจอร์
Munten	เหรียญ
Ongewoon	ผิดปกติ
Oud	แก่
Prijs	ราคา
Restauratie	การฟื้นฟู
Schilderijen	ภาพวาด
Stijl	รูปแบบ
Veiling	ประมูล
Verzamelaar	นักสะสม
Waarde	ค่า

Archeologie
โบราณคดี

Analyse	การวิเคราะห์
Beschaving	อารยธรรม
Botten	กระดูก
Deskundige	ผู้เชี่ยวชาญ
Evaluatie	การประเมิน
Fossiel	ฟอสซิล
Fragmenten	เศษ
Graf	หลุมฝังศพ
Mysterie	ความลึกลับ
Nakomeling	ลูกหลาน
Objecten	วัตถุ
Onbekend	ไม่ทราบ
Onderzoeker	นักวิจัย
Oudheid	สมัยโบราณ
Professor	ศาสตราจารย์
Relikwie	ของที่ระลึก
Team	ทีม
Tempel	วัด
Tijdperk	ยุค
Vergeten	ลืม

Astronomie
ดาราศาสตร์

Aarde	โลก
Astronaut	นักบินอวกาศ
Astronoom	นักดาราศาสตร์
Dierenriem	จักรราศี
Equinox	วิษุวัต
Hemel	ท้องฟ้า
Komeet	ดาวหาง
Maan	ดวงจันทร์
Meteoor	ดาวตก
Nevel	เนบิวลา
Observatorium	หอดูดาว
Planeet	ดาวเคราะห์
Raket	จรวด
Satelliet	ดาวเทียม
Ster	ดาว
Sterrenbeeld	กลุ่มดาว
Straling	รังสี
Universum	จักรวาล
Verduistering	คราส
Zwaartekracht	แรงโน้มถ่วง

Avontuur
การผจญภัย

Activiteit	กิจกรรม
Bestemming	ปลายทาง
Excursie	ทัศนศึกษา
Gevaarlijk	อันตราย
Kans	โอกาส
Moed	ความกล้าหาญ
Moeilijkheid	ความยาก
Natuur	ธรรมชาติ
Navigatie	นำร่อง
Nieuw	ใหม่
Ongewoon	ผิดปกติ
Reizen	การเดินทาง
Schoonheid	ความงาม
Uitdagingen	ความท้าทาย
Veiligheid	ความปลอดภัย
Verrassend	น่าแปลกใจ
Voorbereiding	การตระเตรียม
Vreugde	จอย
Vrienden	เพื่อน

Ballet
บัลเล่ต์

Applaus	เสียงปรบมือ
Artistiek	ศิลปะ
Componist	นักแต่งเพลง
Dansers	นักเต้น
Expressief	แสดงออก
Gebaar	ท่าทาง
Intensiteit	ความเข้มข้น
Lessen	บทเรียน
Muziek	ดนตรี
Orkest	วงดนตรี
Publiek	ผู้ชม
Repetitie	ซ้อม
Ritme	จังหวะ
Sierlijk	สง่างาม
Solo	เดี่ยว
Spieren	กล้ามเนื้อ
Stijl	รูปแบบ
Techniek	เทคนิค
Vaardigheid	ทักษะ

Barbecues
บาร์บีคิว

Diner	อาหารเย็น
Familie	ครอบครัว
Fruit	ผลไม้
Grill	ย่าง
Groente	ผัก
Heet	ร้อน
Honger	ความหิว
Kip	ไก่
Lunch	อาหารกลางวัน
Messen	มีด
Muziek	ดนตรี
Peper	พริกไทย
Salades	สลัด
Saus	ซอส
Tomaten	มะเขือเทศ
Uien	หัวหอม
Uitnodiging	การเชื้อเชิญ
Vorken	ส้อม
Zomer	ฤดูร้อน
Zout	เกลือ

Beeldende Kunsten
ทัศนศิลป์

Aardewerk	เครื่องดินเผา
Architectuur	สถาปัตยกรรม
Artiest	ศิลปิน
Beeldhouwwerk	ประติมากรรม
Film	ฟิล์ม
Foto	ภาพถ่าย
Houtskool	ถ่าน
Keramiek	เซรามิก
Klei	เคลย์
Krijt	ชอล์ก
Meesterwerk	ผลงานชิ้นเอก
Pen	ปากกา
Perspectief	มุมมอง
Portret	แนวตั้ง
Potlood	ดินสอ
Samenstelling	ค์ประกอบ
Schilderij	ภาพวาด
Stencil	สเตนซิล
Was	ขี้ผึ้ง

Beroepen #1
วิชาชีพ #1

Advocaat	ทนายความ
Ambassadeur	เอกอัครราชทูต
Apotheker	เภสัชกร
Astronoom	นักดาราศาสตร์
Atleet	นักกีฬา
Bankier	นายธนาคาร
Brandweerman	ดับเพลิง
Danser	นักเต้น
Dierenarts	สัตวแพทย์
Dokter	หมอ
Editor	บรรณาธิการ
Geoloog	นักธรณีวิทยา
Jager	ฮันเตอร์
Juwelier	อัญมณี
Loodgieter	ช่างประปา
Monteur	ช่าง
Muzikant	นักดนตรี
Pianist	นักเปียโน
Psycholoog	นักจิตวิทยา
Verpleegster	พยาบาล

Beroepen #2
วิชาชีพ #2

Arts	แพทย์
Astronaut	นักบินอวกาศ
Bibliothecaris	บรรณารักษ์
Bioloog	นักชีววิทยา
Boer	ชาวนา
Chirurg	ศัลยแพทย์
Detective	นักสืบ
Filosoof	นักปรัชญา
Fotograaf	ช่างภาพ
Ingenieur	วิศวกร
Journalist	นักข่าว
Leraar	ครู
Linguïst	นักภาษาศาสตร์
Onderzoeker	นักวิจัย
Piloot	นักบิน
Schilder	จิตรกร
Tandarts	ทันตแพทย์
Tuinman	คนสวน
Uitvinder	นักประดิษฐ์
Zoöloog	นักสัตววิทยา

Bijen
ผึ้ง

Bijenkorf	รัง
Bloemen	ดอกไม้
Bloesem	ดอก
Diversiteit	ความหลากหลาย
Ecosysteem	ระบบนิเวศ
Fruit	ผลไม้
Habitat	ที่อยู่อาศัย
Honing	น้ำผึ้ง
Insect	แมลง
Koningin	ควีน
Planten	พืช
Rook	ควัน
Stuifmeel	เรณู
Tuin	สวน
Vleugels	ปีก
Voedsel	อาหาร
Voordelig	เป็นประโยชน์
Was	ขี้ผึ้ง
Zon	ดวงอาทิตย์
Zwerm	ฝูง

Bijvoeglijke Naamwoorden
คำคุณศัพท์ #1

Aantrekkelijk	มีเสน่ห์
Actief	คล่องแคล่ว
Ambitieus	ทะเยอทะยาน
Aromatisch	หอม
Artistiek	ศิลปะ
Belangrijk	สำคัญ
Diep	ลึก
Donker	มืด
Dun	บาง
Eerlijk	ซื่อสัตย์
Exotisch	แปลกใหม่
Identiek	เหมือนกัน
Jong	หนุ่มสาว
Lang	ยาว
Langzaam	ช้า
Modern	ทันสมัย
Onschuldig	ผู้บริสุทธิ์
Perfect	สมบูรณ์
Waardevol	มีค่า
Zwaar	หนัก

Bijvoeglijke Naamwoorden
คำคุณศัพท์ #2

Authentiek	แท้
Begaafd	มีพรสวรรค์
Beschrijvend	ธิบาย
Creatief	สร้างสรรค์
Dramatisch	ดราม่า
Gezond	แข็งแรง
Hongerig	หิว
Interessant	น่าสนใจ
Moe	เหนื่อย
Natuurlijk	เป็นธรรมชาติ
Nieuw	ใหม่
Normaal	ปกติ
Productief	อุดมสมบูรณ์
Slaperig	ง่วงนอน
Trots	ภูมิใจ
Verantwoordelijk	รับผิดชอบ
Vers	สด
Wild	ป่า
Zout	เค็ม
Zuiver	บริสุทธิ์

Biologie
ชีววิทยา

Ademhaling	การหายใจ
Bacteriën	แบคทีเรีย
Cel	เซลล์
Chromosoom	โครโมโซม
Collageen	คอลลาเจน
Eiwit	โปรตีน
Embryo	เอ็มบริโอ
Enzym	เอนไซม์
Evolutie	วิวัฒนาการ
Hormoon	ฮอร์โมน
Kern	นิวเคลียส
Mutatie	การกลายพันธุ์
Natuurlijk	เป็นธรรมชาติ
Neuron	เซลล์ประสาท
Organen	อวัยวะ
Osmose	ออสโมซิส
Soort	สายพันธุ์
Symbiose	ซิมไบโอซิส
Synaps	ไซแนปส์
Zenuw	เส้นประสาท

Bloemen
ดอกไม้

Bloemblad	กลีบ
Boeket	ช่อดอกไม้
Gardenia	พุด
Hibiscus	ชบา
Jasmijn	มะลิ
Klaver	โคลเวอร์
Lavendel	ลาเวนเดอร์
Lelie	ลิลลี่
Lila	ม่วง
Madeliefje	เดซี่
Magnolia	แมกโนเลีย
Orchidee	กล้วยไม้
Paardebloem	แดนดิไลออน
Papaver	ป๊อปปี้
Passiebloem	เสาวรส
Pioenroos	โบตั๋น
Roos	กุหลาบ
Tulp	ทิวลิป
Zonnebloem	ดอกทานตะวัน

Boeken
หนังสือ

Auteur	ผู้เขียน
Avontuur	การผจญภัย
Bladzijde	หน้า
Collectie	ชุด
Context	บริบท
Dualiteit	ความเป็นคู่
Episch	มหากาพย์
Gedicht	กลอน
Geschreven	เขียน
Historisch	ประวัติศาสตร์
Humoristisch	ตลก
Inventief	ประดิษฐ์
Lezer	ผู้อ่าน
Literair	วรรณกรรม
Poëzie	บทกวี
Relevant	ที่เกี่ยวข้อง
Roman	นิยาย
Tragisch	อนาถ
Verhaal	เรื่องราว
Verteller	ผู้บรรยาย

Boerderij #1
ฟาร์ม #1

Bij	ผึ้ง
Ezel	ลา
Geit	แพะ
Hek	รั้ว
Hond	หมา
Honing	น้ำผึ้ง
Hooi	ฟาง
Kalf	น่อง
Kat	แมว
Kip	ไก่
Koe	วัว
Kraai	อีกา
Kudde	ฝูง
Landbouw	เกษตรกรรม
Mest	ปุ๋ย
Paard	ม้า
Rijst	ข้าว
Veld	สนาม
Water	น้ำ
Zaden	เมล็ด

Boerderij #2
ฟาร์ม #2

Bijenkorf	รังผึ้ง
Boer	ชาวนา
Boomgaard	สวนผลไม้
Dieren	สัตว์
Eend	เป็ด
Fruit	ผลไม้
Gerst	บาร์เลย์
Groente	ผัก
Herder	คนเลี้ยงแกะ
Irrigatie	ชลประทาน
Lam	ลูกแกะ
Lama	ลามา
Maïs	ข้าวโพด
Melk	นม
Schaap	แกะ
Schuur	โรงนา
Tarwe	ข้าวสาลี
Tractor	รถแทรกเตอร์
Weide	ทุ่งหญ้า
Windmolen	กังหัน

Boksen
การต่อยมวย

Elleboog	ข้อศอก
Focus	โฟกัส
Handschoenen	ถุงมือ
Herstel	การกู้คืน
Hoek	มุม
Kin	คาง
Klok	ระฆัง
Kracht	แรง
Lichaam	ร่างกาย
Punten	คะแนน
Scheidsrechter	ผู้ตัดสิน
Schoppen	เตะ
Snel	เร็ว
Tegenstander	คู่แข่ง
Touwen	เชือก
Uitgeput	เหนื่อย
Vaardigheid	ทักษะ
Vechter	นักสู้
Vuist	กำปั้น

Boten
เรือ

Anker	สมอ
Bemanning	ลูกเรือ
Boei	ทุ่น
Dok	ท่าเรือ
Golven	คลื่น
Jacht	เรือยอชท์
Kajak	คายัค
Kano	แคนู
Mast	เสา
Matroos	กะลาสี
Meer	ทะเลสาบ
Motor	เครื่องยนต์
Oceaan	มหาสมุทร
Reddingsboot	เรือชูชีพ
Rivier	แม่น้ำ
Touw	เชือก
Veerboot	เรือข้ามฟาก
Vlot	แพ
Zee	ทะเล
Zeilboot	เรือใบ

Camping
ค่ายพักแรม

Avontuur	การผจญภัย
Berg	ภูเขา
Bomen	ต้นไม้
Bos	ป่า
Brand	ไฟ
Cabine	ห้าง
Dieren	สัตว์
Hangmat	เปลญวน
Hoed	หมวก
Insect	แมลง
Jacht	ล่าสัตว์
Kaart	แผนที่
Kano	แคนู
Kompas	เข็มทิศ
Maan	ดวงจันทร์
Meer	ทะเลสาบ
Natuur	ธรรมชาติ
Tent	เต็นท์
Touw	เชือก
Verhalen	เรื่องราว

Chemie
เคมีภัณฑ์

Alkalisch	ด่าง
Chloor	คลอรีน
Elektron	อิเล็กตรอน
Enzym	เอนไซม์
Gas	แก๊ส
Gewicht	น้ำหนัก
Ion	ไอออน
Katalysator	ตัวเร่ง
Koolstof	คาร์บอน
Metalen	โลหะ
Molecuul	โมเลกุล
Organisch	อินทรีย์
Reactie	ปฏิกิริยา
Temperatuur	อุณหภูมิ
Vloeistof	ของเหลว
Warmte	ความร้อน
Waterstof	ไฮโดรเจน
Zout	เกลือ
Zuur	กรด
Zuurstof	ออกซิเจน

Chocolade
ช็อกโกแลต

Aroma	กลิ่นหอม
Artisanaal	ช่างฝีมือ
Bitter	ขม
Cacao	โกโก้
Calorieën	แคลอรี่
Eten	กิน
Exotisch	แปลกใหม่
Favoriet	ที่ชื่นชอบ
Heerlijk	อร่อย
Ingrediënt	ส่วนผสม
Karamel	คาราเมล
Kokosnoot	มะพร้าว
Kwaliteit	คุณภาพ
Pinda'S	ถั่ว
Poeder	ผง
Recept	สูตรอาหาร
Smaak	รส
Snoep	ลูกอม
Suiker	น้ำตาล
Zoet	หวาน

Creativiteit
ความคิดสร้างสรรค์

Artistiek	ศิลปะ
Beeld	ภาพ
Dramatisch	ดราม่า
Echtheid	แท้
Emoties	อารมณ์
Gevoelens	ความรู้สึก
Helderheid	ความชัดเจน
Ideeën	ไอเดีย
Indruk	ความประทับใจ
Inspiratie	แรงบันดาลใจ
Intensiteit	ความเข้มข้น
Intuïtie	ปรีชา
Inventief	ประดิษฐ์
Spontaan	โดยธรรมชาติ
Uitdrukking	การแสดงออก
Vaardigheid	ทักษะ
Verbeelding	จินตนาการ
Visioenen	นิมิต
Vitaliteit	พลัง
Vloeibaarheid	ไหล

Dagen en Maanden
วันและเดือน

Augustus	สิงหาคม
Dinsdag	วันอังคาร
Donderdag	วันพฤหัสบดี
Februari	กุมภาพันธ์
Jaar	ปี
Januari	มกราคม
Juli	กรกฎาคม
Juni	มิถุนายน
Kalender	ปฏิทิน
Maand	เดือน
Maandag	วันจันทร์
Maart	มีนาคม
November	พฤศจิกายน
Oktober	ตุลาคม
September	กันยายน
Vrijdag	วันศุกร์
Week	สัปดาห์
Woensdag	วันพุธ
Zaterdag	วันเสาร์
Zondag	วันอาทิตย์

De Media
สื่อมวลชน

Commercieel	โฆษณา
Communicatie	การสื่อสาร
Digitaal	ดิจิทัล
Editie	ฉบับ
Feiten	ข้อเท็จจริง
Financiering	ทุน
Houding	ทัศนคติ
Individueel	รายบุคคล
Industrie	อุตสาหกรรม
Intellectueel	สติปัญญา
Kranten	หนังสือพิมพ์
Lokaal	ท้องถิ่น
Mening	ความเห็น
Netwerk	เครือข่าย
Onderwijs	การศึกษา
Online	ออนไลน์
Publiek	สาธารณะ
Radio	วิทยุ
Televisie	โทรทัศน์
Tijdschriften	นิตยสาร

Diplomatie
การทูต

Adviseur	ที่ปรึกษา
Ambassade	สถานทูต
Ambassadeur	เอกอัครราชทูต
Burgers	พลเมือง
Conflict	ความขัดแย้ง
Diplomatiek	นักการทูต
Discussie	อย่าง
Ethiek	จริยธรรม
Gemeenschap	ชุมชน
Gerechtigheid	ความยุติธรรม
Humanitair	มนุษยธรรม
Integriteit	ความซื่อสัตย์
Oplossing	สารละลาย
Politiek	การเมือง
Regering	รัฐบาล
Resolutie	ความละเอียด
Samenwerking	ความร่วมมือ
Talen	ภาษา
Veiligheid	ความปลอดภัย
Verdrag	สนธิสัญญา

Ecologie
นิเวศวิทยา

Bergen	ภูเขา
Diversiteit	ความหลากหลาย
Droogte	แล้ง
Duurzaam	ยั่งยืน
Fauna	สัตว์ป่า
Flora	ฟลอรา
Gemeenschappen	ชุมชน
Globaal	ทั่วโลก
Habitat	ที่อยู่อาศัย
Klimaat	ภูมิอากาศ
Marinier	ทะเล
Moeras	บึง
Natuur	ธรรมชาติ
Natuurlijk	เป็นธรรมชาติ
Overleving	การอยู่รอด
Soort	สายพันธุ์
Vegetatie	พืช
Vrijwilligers	อาสาสมัคร

Emoties
อารมณ์ความรู้สึก

Angst	กลัว
Dankbaar	กตัญญู
Droefheid	ความเศร้า
Inhoud	เนื้อหา
Kalm	สงบ
Liefde	รัก
Ontspannen	ผ่อนคลาย
Opgewonden	ตื่นเต้น
Opluchting	การบรรเทา
Rust	ความสงบ
Tederheid	แผ่วๆ
Tevreden	พอใจ
Verrassing	เซอร์ไพรส์
Verveling	เบื่อ
Vrede	สันติภาพ
Vreugde	จอย
Vriendelijkheid	ความเมตตา
Woede	ความโกรธ

Energie
พลังงาน

Accu	แบตเตอรี่
Benzine	น้ำมันเบนซิน
Brandstof	เชื้อเพลิง
Diesel	ดีเซล
Elektrisch	ไฟฟ้า
Elektron	อิเล็กตรอน
Entropie	เอนโทรปี
Foton	โฟตอน
Hernieuwbaar	ทดแทน
Industrie	อุตสาหกรรม
Koolstof	คาร์บอน
Motor	เครื่องยนต์
Nucleair	นิวเคลียร์
Omgeving	สิ่งแวดล้อม
Stoom	ไอน้ำ
Turbine	กังหัน
Vervuiling	มลพิษ
Warmte	ความร้อน
Waterstof	ไฮโดรเจน
Wind	ลม

Engineering
วิศวกรรม

As	แกน
Berekening	การคำนวณ
Beweging	การเคลื่อนไหว
Bouw	การก่อสร้าง
Diagram	แผนภาพ
Diepte	ความลึก
Diesel	ดีเซล
Distributie	การกระจาย
Energie	พลังงาน
Hoek	มุม
Kracht	แรง
Machine	เครื่องจักร
Meting	การวัด
Motor	เครื่องยนต์
Rotatie	การหมุน
Stabiliteit	ความมั่นคง
Structuur	โครงสร้าง
Vloeistof	ของเหลว
Voortstuwing	แรงขับ
Wrijving	แรงเสียดทาน

Eten #1
อาหาร #1

Abrikoos	แอปริคอท
Basilicum	โหระพา
Citroen	มะนาว
Gerst	บาร์เลย์
Kaneel	อบเชย
Knoflook	กระเทียม
Koffie	กาแฟ
Melk	นม
Peer	ลูกแพร์
Pinda	ถั่วลิสง
Salade	สลัด
Sap	น้ำผลไม้
Soep	ซุป
Spinazie	ผักโขม
Suiker	น้ำตาล
Tonijn	ทูน่า
Ui	หัวหอม
Vlees	เนื้อ
Wortel	แครอท
Zout	เกลือ

Eten #2
อาหาร #2

Amandel	อัลมอนด์
Ananas	สัปปะรด
Appel	แอปเปิ้ล
Asperge	หน่อไม้ฝรั่ง
Aubergine	มะเขือ
Banaan	กล้วย
Broccoli	บรอกโคลี
Brood	ขนมปัง
Druif	องุ่น
Ei	ไข่
Ham	แฮม
Kaas	ชีส
Kip	ไก่
Kiwi	กีวี่
Perzik	พีช
Rijst	ข้าว
Tarwe	ข้าวสาลี
Tomaat	มะเขือเทศ
Vis	ปลา
Yoghurt	โยเกิร์ต

Familie
ครอบครัว

Broer	น้องชาย
Dochter	ลูกสาว
Grootmoeder	ยาย
Jeugd	วัยเด็ก
Kind	เด็ก
Kleinkind	หลาน
Man	สามี
Moeder	แม่
Neef	หลานชาย
Nicht	หลานสาว
Oom	ลุง
Opa	ปู่
Tante	ป้า
Tweeling	ฝาแฝด
Vader	พ่อ
Voorouder	บรรพบุรุษ
Vrouw	ภรรยา
Zus	น้องสาว

Fruit
ผลไม้

Abrikoos	แอปริคอท
Ananas	สัปปะรด
Appel	แอปเปิ้ล
Avocado	อาโวคาโด
Banaan	กล้วย
Bes	เบอร์รี่
Citroen	มะนาว
Druif	องุ่น
Framboos	ราสเบอร์รี่
Kers	เชอร์รี่
Kiwi	กีวี่
Kokosnoot	มะพร้าว
Mango	มะม่วง
Meloen	เมลอน
Nectarine	เนคทารีน
Oranje	ส้ม
Papaja	มะละกอ
Peer	ลูกแพร์
Perzik	พีช
Pruim	พลัม

Gebouwen
สิ่งปลูกสร้าง

Ambassade	สถานทูต
Appartement	อพาร์ทเม้น
Bioscoop	โรงภาพยนตร์
Boerderij	ฟาร์ม
Cabine	ห้าง
Fabriek	โรงงาน
Garage	โรงรถ
Hotel	โรงแรม
Huis	บ้าน
Kasteel	ปราสาท
Museum	พิพิธภัณฑ์
Observatorium	หอดูดาว
School	โรงเรียน
Schuur	โรงนา
Stadion	สนามกีฬา
Tent	เต็นท์
Theater	โรงละคร
Toren	หอคอย
Universiteit	มหาวิทยาลัย
Ziekenhuis	โรงพยาบาล

Geografie
ภูมิศาสตร์

Atlas	แอตลาส
Berg	ภูเขา
Breedtegraad	ละติจูด
Continent	ทวีป
Eiland	เกาะ
Evenaar	เส้นศูนย์สูตร
Halfrond	ซีกโลก
Hoogte	ระดับความสูง
Kaart	แผนที่
Land	ประเทศ
Meridiaan	เมอริเดียน
Noorden	ทิศเหนือ
Oceaan	มหาสมุทร
Regio	ภาค
Rivier	แม่น้ำ
Stad	เมือง
Wereld	โลก
Westen	ตะวันตก
Zee	ทะเล
Zuiden	ใต้

Geologie
ธรณีวิทยา

Aardbeving	แผ่นดินไหว
Calcium	แคลเซียม
Continent	ทวีป
Erosie	ร่อน
Fossiel	ฟอสซิล
Geiser	ไกเซอร์
Gesmolten	เหลว
Grot	ถ้ำ
Koraal	ปะการัง
Kristallen	คริสตัล
Kwarts	ควอทซ์
Laag	ชั้น
Lava	ลาวา
Plateau	ที่ราบสูง
Stalactiet	หินย้อย
Steen	หิน
Vulkaan	ภูเขาไฟ
Zone	โซน
Zout	เกลือ
Zuur	กรด

Geometrie
รูปทรงเรขาคณิต

Berekening	การคำนวณ
Cirkel	วงกลม
Curve	เส้นโค้ง
Dimensie	มิติ
Driehoek	สามเหลี่ยม
Hoek	มุม
Hoogte	ความสูง
Horizontaal	แนวนอน
Logica	ตรรกะ
Loodrecht	ตั้งฉาก
Massa	มวล
Mediaan	มัธยฐาน
Oppervlak	พื้นผิว
Parallel	ขนาน
Proportie	สัดส่วน
Segment	ส่วน
Symmetrie	สมมาตร
Theorie	ทฤษฎี
Vergelijking	สมการ
Verticaal	แนวตั้ง

Getallen
ตัวเลข

Acht	แปด
Achttien	สิบแปด
Dertien	สิบสาม
Drie	สาม
Een	หนึ่ง
Negen	เก้า
Negentien	สิบเก้า
Nul	ศูนย์
Tien	สิบ
Twaalf	สิบสอง
Twee	สอง
Twintig	ยี่สิบ
Veertien	สิบสี่
Vier	สี่
Vijf	ห้า
Vijftien	สิบห้า
Zes	หก
Zestien	สิบหก
Zeven	เจ็ด
Zeventien	สิบเจ็ด

Gezondheid en Welzijn #1
สุขภาพและสุขภาพ #1

Actief	คล่องแคล่ว
Apotheek	ร้านขายยา
Bacteriën	แบคทีเรีย
Behandeling	การรักษา
Breuk	แตกหัก
Dokter	หมอ
Gewoonte	นิสัย
Honger	ความหิว
Hoogte	ความสูง
Hormonen	ฮอร์โมน
Huid	ผิว
Kliniek	คลินิก
Letsel	บาดเจ็บ
Medicijn	ยา
Ontspanning	ผ่อนคลาย
Reflex	สะท้อน
Spieren	กล้ามเนื้อ
Therapie	การบำบัด
Virus	ไวรัส
Zenuwen	เส้นประสาท

Gezondheid en Welzijn #2
สุขภาพและสุขภาพ #2

Allergie	ภูมิแพ้
Bloed	เลือด
Calorie	แคลอรี่
Dieet	อาหาร
Energie	พลังงาน
Genetica	พันธุศาสตร์
Gewicht	น้ำหนัก
Gezond	แข็งแรง
Herstel	การกู้คืน
Hygiëne	สุขอนามัย
Infectie	การติดเชื้อ
Kracht	แรง
Lichaam	ร่างกาย
Massage	นวด
Spijsvertering	การย่อย
Stress	ความเครียด
Vitamine	วิตามิน
Voeding	โภชนาการ
Ziekenhuis	โรงพยาบาล
Ziekte	โรค

Groenten
ผักสด

Artisjok	อาติโช๊ค
Aubergine	มะเขือ
Broccoli	บรอกโคลี
Erwt	ถั่ว
Gember	ขิง
Knoflook	กระเทียม
Komkommer	แตงกวา
Olijf	มะกอก
Paddestoel	เห็ด
Peterselie	ผักชีฝรั่ง
Pompoen	ฟักทอง
Raap	หัวผักกาด
Radijs	หัวไชเท้า
Salade	สลัด
Selderij	ขึ้นฉ่าย
Sjalot	หอม
Spinazie	ผักโขม
Tomaat	มะเขือเทศ
Ui	หัวหอม
Wortel	แครอท

Haartypes
ประเภทผม

Blond	สีบลอนด์
Bruin	สีน้ำตาล
Dik	หนา
Droog	แห้ง
Dun	บาง
Gekleurd	สี
Gevlochten	ถัก
Gezond	แข็งแรง
Glimmend	เงา
Golvend	หยัก
Grijs	สีเทา
Hoofdhuid	หนังศีรษะ
Kaal	หัวล้าน
Kort	สั้น
Krullend	หยิก
Lang	ยาว
Wit	ขาว
Zacht	อ่อนนุ่ม
Zilver	เงิน
Zwart	สีดำ

Herbalisme
ยาสมุนไพร

Aromatisch	หอม
Basilicum	โหระพา
Bloem	ดอกไม้
Culinair	การทำอาหาร
Dille	ผักชีลาว
Dragon	ทาร์รากอน
Groen	เขียว
Ingrediënt	ส่วนผสม
Knoflook	กระเทียม
Kwaliteit	คุณภาพ
Lavendel	ลาเวนเดอร์
Marjolein	มาร์โจแรม
Oregano	ออริกาโน่
Peterselie	ผักชีฝรั่ง
Rozemarijn	โรสแมรี่
Saffraan	หญ้าฝรั่น
Smaak	รสชาติ
Tijm	ไธม์
Tuin	สวน
Venkel	เม็ดยี่หร่า

Het Bedrijf
บริษัท

Beslissing	การตัดสินใจ
Creatief	สร้างสรรค์
Eenheden	หน่วย
Globaal	ทั่วโลก
Industrie	อุตสาหกรรม
Inkomsten	รายได้
Innovatief	นวัตกรรม
Investering	การลงทุน
Kwaliteit	คุณภาพ
Loon	ค่าจ้าง
Mogelijkheid	ความเป็นไปได้
Presentatie	การนำเสนอ
Product	ผลิตภัณฑ์
Professioneel	มืออาชีพ
Reputatie	ชื่อเสียง
Risico'S	ความเสี่ยง
Vooruitgang	ความคืบหน้า
Werkgelegenheid	การจ้างงาน
Zaak	ธุรกิจ

Huis
บ้าน

Bezem	ไม้กวาด
Bibliotheek	ห้องสมุด
Dak	หลังคา
Deur	ประตู
Douche	อาบน้ำ
Garage	โรงรถ
Haard	เตาผิง
Hek	รั้ว
Kamer	ห้อง
Kelder	ชั้นใต้ดิน
Keuken	ครัว
Lamp	โคมไฟ
Meubllalr	เฟอร์นิเจอร์
Muur	ผนัง
Plafond	เพดาน
Schoorsteen	ปล่องไฟ
Slaapkamer	ห้องนอน
Spiegel	กระจก
Tapijt	พรม
Tuin	สวน

Installaties
พืช

Bamboe	ไม้ไผ่
Bes	เบอร์รี่
Bloem	ดอกไม้
Bloesem	ดอก
Boom	ต้นไม้
Boon	ถั่ว
Bos	ป่า
Cactus	กระบองเพชร
Flora	ฟลอรา
Gebladerte	ใบไม้
Gras	หญ้า
Klimop	ไอวี่
Kruid	สมุนไพร
Mest	ปุ๋ย
Mos	มอสส์
Plantkunde	พฤกษศาสตร์
Struik	บุช
Tuin	สวน
Vegetatie	พืช
Wortel	ราก

Jazz
แจ๊ส

Album	อัลบั้ม
Applaus	เสียงปรบมือ
Artiest	ศิลปิน
Beroemd	มีชื่อเสียง
Componist	นักแต่งเพลง
Concert	คอนเสิร์ต
Favorieten	รายการโปรด
Genre	ประเภท
Improvisatie	ปฏิภาณโวหาร
Lied	เพลง
Muziek	ดนตรี
Nadruk	ความสำคัญ
Nieuw	ใหม่
Orkest	วงดนตรี
Oud	แก่
Ritme	จังหวะ
Samenstelling	ส่วนประกอบ
Stijl	รูปแบบ
Talent	พรสวรรค์
Techniek	เทคนิค

Keuken
ห้องครัว

Cup	ถ้วย
Eetstokjes	ตะเกียบ
Eten	กิน
Grill	ย่าง
Ketel	กาต้มน้ำ
Koelkast	ตู้เย็น
Kom	ชาม
Kruik	เหยือก
Lepels	ช้อน
Messen	มีด
Oven	เตาอบ
Pollepel	ทัพพี
Recept	สูตรอาหาร
Schort	ผ้ากันเปื้อน
Servet	ผ้าเช็ดปาก
Specerijen	เครื่องเทศ
Spons	ฟองน้ำ
Voedsel	อาหาร
Vorken	ส้อม

Kleding
เสื้อผ้า

Armband	สร้อยข้อมือ
Broek	กางเกง
Handschoenen	ถุงมือ
Hoed	หมวก
Jas	เสื้อโค้ท
Jasje	แจ็คเก็ต
Jeans	ยีนส์
Jurk	ชุด
Ketting	สร้อยคอ
Mode	แฟชั่น
Pyjama	ชุดนอน
Riem	เข็มขัด
Rok	กระโปรง
Sandalen	รองเท้าแตะ
Schoen	รองเท้า
Schort	ผ้ากันเปื้อน
Shirt	เสื้อ
Sjaal	ผ้าพันคอ
Sokken	ถุงเท้า
Trui	เสื้อคลุม

Klimmen
ปีนเขา

Atmosfeer	บรรยากาศ
Deskundige	ผู้เชี่ยวชาญ
Fysiek	ทางกายภาพ
Gidsen	คำแนะนำ
Grot	ถ้ำ
Handschoenen	ถุงมือ
Helm	หมวกนิรภัย
Hoogte	ระดับความสูง
Kaart	แผนที่
Kracht	แรง
Laarzen	รองเท้าบูท
Letsel	บาดเจ็บ
Nieuwsgierigheid	ความอยากรู้
Opleiding	การอบรม
Smal	แคบ
Stabiliteit	ความมั่นคง
Terrein	ภูมิประเทศ
Uitdagingen	ความท้าทาย

Koffie
กาแฟ

Aroma	กลิ่นหอม
Beker	ถ้วย
Bitter	ขม
Cafeïne	คาเฟอีน
Drank	เครื่องดื่ม
Drinken	ดื่ม
Filter	กรอง
Malen	บด
Melk	นม
Ochtend	เช้า
Oorsprong	ที่มา
Prijs	ราคา
Room	ครีม
Smaak	รสชาติ
Suiker	น้ำตาล
Variëteit	ความหลากหลาย
Vloeistof	ของเหลว
Water	น้ำ
Zwart	สีดำ

Kracht en Zwaartekracht
แรงและแรงโน้มถ่วง

Afstand	ระยะทาง
As	แกน
Baan	วงโคจร
Beweging	การเคลื่อนไหว
Centrum	ศูนย์กลาง
Druk	ความดัน
Dynamisch	พลวัต
Eigendommen	คุณสมบัติ
Gewicht	น้ำหนัก
Impact	ผลกระทบ
Magnetisme	แม่เหล็ก
Mechanica	กลศาสตร์
Natuurkunde	ฟิสิกส์
Ontdekking	การค้นพบ
Snelheid	ความเร็ว
Tijd	เวลา
Uitbreiding	การขยายตัว
Universeel	สากล
Wrijving	แรงเสียดทาน

Kunst
ศิลปะ

Beeldhouwwerk	ประติมากรรม
Complex	ซับซ้อน
Creëren	สร้าง
Eenvoudig	ง่าย
Eerlijk	ซื่อสัตย์
Humeur	อารมณ์
Keramisch	เซรามิค
Onderwerp	เรื่อง
Origineel	ต้นฉบับ
Persoonlijk	ส่วนตัว
Poëzie	บทกวี
Portretteren	วาดภาพ
Samenstelling	ส่วนประกอบ
Schilderijen	ภาพวาด
Surrealisme	สถิตยศาสตร์
Symbool	สัญลักษณ์
Uitdrukking	การแสดงออก
Visueel	ภาพ

Kunstbenodigdheden
อุปกรณ์ศิลปะ

Acryl	อะคริลิค
Aquarellen	สีน้ำ
Borstels	แปรง
Camera	กล้อง
Ezel	ขาตั้ง
Gom	ยางลบ
Houtskool	ถ่าน
Ideeën	ไอเดีย
Inkt	หมึก
Klei	เคลย์
Kleuren	สี
Lijm	กาว
Olie	น้ำมัน
Papier	กระดาษ
Pastel	พาส
Potloden	ดินสอ
Stoel	เก้าอี้
Tafel	โต๊ะ
Water	น้ำ

Landen #1
ประเทศ #1

België	เบลเยียม
Brazilië	บราซิล
Cambodja	กัมพูชา
Canada	แคนาดา
Chili	ชิลี
Duitsland	เยอรมนี
Egypte	อียิปต์
Irak	อิรัก
Israël	อิสราเอล
Italië	อิตาลี
Letland	ลัตเวีย
Libië	ลิเบีย
Marokko	โมร็อคโค
Nicaragua	นิการากัว
Noorwegen	นอร์เวย์
Panama	ปานามา
Polen	โปแลนด์
Roemenië	โรมาเนีย
Senegal	เซเนกัล
Spanje	สเปน

Landen #2
ประเทศ #2

Denemarken	เดนมาร์ก
Ethiopië	เอธิโอเปีย
Frankrijk	ฝรั่งเศส
Griekenland	กรีซ
Ierland	ไอร์แลนด์
Indonesië	อินโดนีเซีย
Japan	ญี่ปุ่น
Kenia	เคนยา
Laos	ลาว
Libanon	เลบานอน
Liberia	ไลบีเรีย
Maleisië	มาเลเซีย
Mexico	เม็กซิโก
Nepal	เนปาล
Nigeria	ไนจีเรีย
Oeganda	ยูกันดา
Oekraïne	ยูเครน
Rusland	รัสเซีย
Somalië	โซมาเลีย
Syrië	ซีเรีย

Landschappen
ทิวทัศน์

Berg	ภูเขา
Eiland	เกาะ
Geiser	ไกเซอร์
Gletsjer	ธารน้ำแข็ง
Grot	ถ้ำ
Heuvel	เนินเขา
Ijsberg	ภูเขาน้ำแข็ง
Meer	ทะเลสาบ
Moeras	บึง
Oase	โอเอซิส
Oceaan	มหาสมุทร
Rivier	แม่น้ำ
Schiereiland	คาบสมุทร
Strand	ชายหาด
Toendra	ทุนดรา
Vallei	หุบเขา
Vulkaan	ภูเขาไฟ
Waterval	น้ำตก
Woestijn	ทะเลทราย
Zee	ทะเล

Literatuur
วรรณกรรม

Analogie	อะนาล็อก
Analyse	การวิเคราะห์
Auteur	ผู้เขียน
Biografie	ชีวประวัติ
Conclusie	บทสรุป
Dialoog	บทพูด
Gedicht	กลอน
Genre	ประเภท
Mening	ความเห็น
Metafoor	คำอุปมา
Omschrijving	ลักษณะ
Poëtisch	บทกวี
Rijm	สัมผัส
Ritme	จังหวะ
Roman	นิยาย
Stijl	รูปแบบ
Thema	ธีม
Tragedie	โศกนาฏกรรม
Verhaal	เรื่องเล่า
Verteller	ผู้บรรยาย

Meditatie
การทำสมาธิ

Aandacht	ความสนใจ
Aanvaarding	การยอมรับ
Ademhaling	การหายใจ
Beweging	การเคลื่อนไหว
Dankbaarheid	ความกตัญญู
Emoties	อารมณ์
Gedachten	ความคิด
Geluk	ความสุข
Helderheid	ความชัดเจน
Houding	ท่าทาง
Kalm	สงบ
Mentaal	จิต
Muziek	ดนตรี
Natuur	ธรรมชาติ
Observatie	การสังเกต
Perspectief	มุมมอง
Stilte	ความเงียบ
Vrede	สันติภาพ
Vriendelijkheid	ความเมตตา
Wakker	ตื่น

Meer Informatie
นิยายวิทยาศาสตร์

Bioscoop	โรงภาพยนตร์
Boeken	หนังสือ
Brand	ไฟ
Denkbeeldig	เพ้อฝัน
Dystopie	ดิสโทเปีย
Explosie	การระเบิด
Extreem	สุดขีด
Fantastisch	มหัศจรรย์
Futuristisch	อนาคต
Illusie	ภาพลวงตา
Klonen	โคลน
Mysterieus	ลึกลับ
Orakel	สิทธิ์
Planeet	ดาวเคราะห์
Robots	หุ่นยนต์
Scenario	สถานการณ์
Sterrenstelsel	กาแลกซี่
Technologie	เทคโนโลยี
Utopie	ยูโทเปีย
Wereld	โลก

Menselijk Lichaam
ร่างกายมนุษย์

Been	ขา
Bloed	เลือด
Elleboog	ข้อศอก
Enkel	ข้อเท้า
Hand	มือ
Hart	หัวใจ
Hersenen	สมอง
Hoofd	หัว
Huid	ผิว
Kaak	ขากรรไกร
Kin	คาง
Knie	เข่า
Maag	ท้อง
Mond	ปาก
Nek	คอ
Neus	จมูก
Oor	หู
Schouder	ไหล่
Tong	ลิ้น
Vinger	นิ้ว

Metingen
การวัด

Breedte	ความกว้าง
Byte	ไบต์
Centimeter	เซนติเมตร
Decimaal	ทศนิยม
Diepte	ความลึก
Gewicht	น้ำหนัก
Graad	องศา
Gram	กรัม
Hoogte	ความสูง
Inch	นิ้ว
Kilogram	กิโลกรัม
Kilometer	กิโลเมตร
Lengte	ความยาว
Liter	ลิตร
Massa	มวล
Meter	เมตร
Minuut	นาที
Ons	ออนซ์
Ton	ตัน
Volume	ระดับเสียง

Muziek
ดนตรี

Album	อัลบั้ม
Ballade	บัลลาด
Eclectisch	ผสมผสาน
Harmonie	ความสามัคคี
Improviseren	โอ๊ะโอ
Instrument	ตราสาร
Klassiek	คลาสสิก
Lyrisch	ลีริคัล
Melodie	ทำนอง
Microfoon	ไมโครโฟน
Muzikaal	ดนตรี
Muzikant	นักดนตรี
Opera	โอเปร่า
Opname	การบันทึก
Poëtisch	บทกวี
Ritme	จังหวะ
Ritmisch	เป็นจังหวะ
Zanger	นักร้อง
Zingen	ร้องเพลง

Muziekinstrumenten
เครื่องดนตรี

Banjo	แบนโจ
Cello	เชลโล
Fagot	ปี่บาสซูน
Fluit	ขลุ่ย
Gitaar	กีตาร์
Gong	ฆ้อง
Harp	ฮาร์ป
Hobo	โอโบ
Klarinet	คลาริเน็ต
Klokkenspel	ตีระฆัง
Mandoline	แมนโดลิน
Marimba	มาริมบา
Mondharmonica	ฮาร์โมนิก้า
Piano	เปียโน
Saxofoon	แซกโซโฟน
Tamboerijn	แทมบูรีน
Trombone	ทรอมโบน
Trommel	กลอง
Trompet	แตร
Viool	ไวโอลิน

Mythologie
ตำนานเทพนิยาย

Archetype	ต้นแบบ
Bliksem	ฟ้าผ่า
Creatie	การสร้าง
Cultuur	วัฒนธรรม
Donder	ฟ้าร้อง
Doolhof	เขาวงกต
Gedrag	พฤติกรรม
Held	ฮีโร่
Heldin	วีรสตรี
Hemel	สวรรค์
Jaloezie	ความหึงหวง
Kracht	แรง
Krijger	นักรบ
Legende	ตำนาน
Monster	สัตว์ประหลาด
Onsterfelijkheid	อมตภาพ
Ramp	ภัยพิบัติ
Sterfelijk	ยแร
Wezen	สิ่งมีชีวิต
Wraak	แก้แค้น

Natuur
ธรรมชาติ

Arctisch	อาร์กติก
Bergen	ภูเขา
Bijen	ผึ้ง
Bos	ป่า
Dieren	สัตว์
Dynamisch	พลวัต
Erosie	ร่อน
Gebladerte	ใบไม้
Gletsjer	ธารน้ำแข็ง
Klippen	หน้าผา
Mist	หมอก
Rivier	แม่น้ำ
Rustig	สงบ
Schoonheid	ความงาม
Schuilplaats	ที่หลบภัย
Sereen	นิ่ง
Tropisch	เขตร้อน
Vitaal	สำคัญมาก
Woestijn	ทะเลทราย
Wolken	เมฆ

Natuurkunde
ฟิสิกส์

Atoom	อะตอม
Chaos	ความวุ่นวาย
Chemisch	เคมี
Deeltje	อนุภาค
Dichtheid	ความหนาแน่น
Elektron	อิเล็กตรอน
Experiment	การทดลอง
Formule	สูตร
Frequentie	ความถี่
Gas	แก๊ส
Magnetisme	แม่เหล็ก
Massa	มวล
Mechanica	กลศาสตร์
Molecuul	โมเลกุล
Motor	เครื่องยนต์
Relativiteit	สัมพัทธภาพ
Snelheid	ความเร็ว
Uitbreiding	การขยายตัว
Universeel	สากล
Zwaartekracht	แรงโน้มถ่วง

Oceaan
มหาสมุทร

Aal	ปลาไหล
Algen	สาหร่าย
Boot	เรือ
Dolfijn	ปลาโลมา
Garnaal	กุ้ง
Getijden	น้ำขึ้นน้ำลง
Haai	ฉลาม
Koraal	ปะการัง
Krab	ปู
Kwal	แมงกะพรุน
Octopus	ปลาหมึกยักษ์
Oester	หอยนางรม
Rif	รีฟ
Schildpad	เต่า
Spons	ฟองน้ำ
Storm	พายุ
Tonijn	ทูน่า
Vis	ปลา
Walvis	วาฬ
Zout	เกลือ

Opwarming van de Aarde
ภาวะโลกร้อน

Aandacht	ความสนใจ
Arctisch	อาร์กติก
Crisis	วิกฤติ
Energie	พลังงาน
Gas	แก๊ส
Gegevens	ข้อมูล
Generaties	รุ่น
Gevolgen	ผลที่ตามมา
Industrie	อุตสาหกรรม
Internationaal	ระหว่างประเทศ
Klimaat	ภูมิอากาศ
Mensen	มนุษย์
Nu	ตอนนี้
Ontwikkeling	การพัฒนา
Populaties	ประชากร
Regering	รัฐบาล
Temperaturen	อุณหภูมิ
Toekomst	อนาคต
Wetgeving	กฎหมาย

Overheid
รัฐบาล

Civiel	พลเรือน
Democratie	ประชาธิปไตย
Discussie	อย่าง
Gelijkheid	ความเสมอภาค
Gerechtelijk	ตุลาการ
Gerechtigheid	ความยุติธรรม
Grondwet	รัฐธรรมนูญ
Leider	หัวหน้า
Monument	อนุสาวรีย์
Natie	ประเทศ
Nationaal	ระดับชาติ
Politiek	การเมือง
Rechten	สิทธิ
Rustig	สงบ
Staat	รัฐ
Symbool	สัญลักษณ์
Toespraak	คำพูด
Vrijheid	เสรีภาพ
Wet	กฎหมาย
Wijk	เขต

Psychologie
จิตวิทยา

Afspraak	การนัดหมาย
Beoordeling	การประเมิน
Bewusteloos	หมดสติ
Conflict	ความขัดแย้ง
Dromen	ความฝัน
Ego	อัตตา
Emoties	อารมณ์
Ervaringen	ประสบการณ์
Gedachten	ความคิด
Gedrag	พฤติกรรม
Herinneringen	ความทรงจำ
Ideeën	ไอเดีย
Invloed	อิทธิพล
Jeugd	วัยเด็ก
Klinisch	คลินิก
Perceptie	การรับรู้
Persoonlijkheid	บุคลิกภาพ
Probleem	ปัญหา
Realiteit	ความเป็นจริง
Therapie	การบำบัด

Restaurant #1
ร้านอาหาร #1

Allergie	ภูมิแพ้
Bord	จาน
Brood	ขนมปัง
Eten	กิน
Ingrediënten	ส่วนผสม
Kassier	แคชเชียร์
Keuken	ครัว
Kip	ไก่
Koffie	กาแฟ
Kom	ชาม
Menu	เมนู
Mes	มีด
Pittig	เผ็ด
Reservering	การจอง
Saus	ซอส
Serveerster	พนักงานเสิร์ฟ
Servet	ผ้าเช็ดปาก
Toetje	ขนม
Vlees	เนื้อ
Voedsel	อาหาร

Restaurant #2
ร้านอาหาร #2

Cake	เค้ก
Diner	อาหารเย็น
Drank	เครื่องดื่ม
Eieren	ไข่
Fruit	ผลไม้
Groente	ผัก
Heerlijk	อร่อย
Ijs	น้ำแข็ง
Lepel	ช้อน
Lunch	อาหารกลางวัน
Noedels	ก๋วยเตี๋ยว
Ober	บริกร
Salade	สลัด
Soep	ซุป
Specerijen	เครื่องเทศ
Stoel	เก้าอี้
Vis	ปลา
Vork	ส้อม
Water	น้ำ
Zout	เกลือ

Rijden
การขับรถ

Auto	รถ
Brandstof	เชื้อเพลิง
Garage	โรงรถ
Gas	แก๊ส
Gevaar	อันตราย
Kaart	แผนที่
Licentie	ใบอนุญาต
Motor	เครื่องยนต์
Motorfiets	รถจักรยานยนต์
Ongeluk	อุบัติเหตุ
Politie	ตำรวจ
Remmen	เบรค
Snelheid	ความเร็ว
Straat	ถนน
Tunnel	อุโมงค์
Veiligheid	ความปลอดภัย
Verkeer	การจราจร
Vervoer	การขนส่ง
Voetganger	คนเดินเท้า
Vrachtauto	รถบรรทุก

Schaken
หมากรุก

Diagonaal	เส้นทแยงมุม
Kampioen	แชมป์
Koning	กษัตริย์
Koningin	ควีน
Leren	เรียนรู้
Offer	อุทิศ
Passief	รู
Punten	คะแนน
Reglement	กฎ
Slim	ฉลาด
Spel	เกม
Speler	ผู้เล่น
Strategie	กลยุทธ์
Tegenstander	คู่แข่ง
Tijd	เวลา
Toernooi	การแข่งขัน
Uitdagingen	ความท้าทาย
Wit	ขาว
Zwart	สีดำ

Schoonheid
ความงาม

Charme	เสน่ห์
Cosmetica	เครื่องสำอาง
Diensten	บริการ
Elegant	สง่า
Elegantie	ความงดงาม
Fotogeniek	ถ่ายรูป
Genade	เกรซ
Geur	กลิ่นหอม
Glad	เรียบ
Huid	ผิว
Kleur	สี
Krullen	หยิก
Lippenstift	ลิปสติก
Mascara	มาสคาร่า
Producten	ผลิตภัณฑ์
Schaar	กรรไกร
Shampoo	แชมพู
Spiegel	กระจก
Stilist	สไตลิสต์
Verzinnen	แต่งหน้า

Specerijen
เครื่องเทศ

Anijs	โป๊ยกั๊ก
Bitter	ขม
Fenegriek	เฟนูกรีก
Gember	ขิง
Kaneel	อบเชย
Kardemom	กระวาน
Kerrie	แกง
Knoflook	กระเทียม
Komijn	ผงยี่หร่า
Koriander	ผักชี
Kruidnagel	กานพูล
Nootmuskaat	นัทเม็ก
Paprika	ปาปริก้า
Saffraan	หญ้าฝรั่น
Smaak	รสชาติ
Ui	หัวหอม
Vanille	วนิลา
Venkel	เม็ดยี่หร่า
Zoet	หวาน
Zout	เกลือ

Stad
เมือง

Apotheek	ร้านขายยา
Bakkerij	เบเกอรี่
Bank	ธนาคาร
Bibliotheek	ห้องสมุด
Bioscoop	โรงภาพยนตร์
Bloemist	ดอกไม้ดี
Boekhandel	ร้านหนังสือ
Dierentuin	สวนสัตว์
Galerij	แกลเลอรี่
Hotel	โรงแรม
Kliniek	คลินิก
Luchthaven	สนามบิน
Markt	ตลาด
Museum	พิพิธภัณฑ์
Restaurant	ร้านอาหาร
School	โรงเรียน
Stadion	สนามกีฬา
Theater	โรงละคร
Universiteit	มหาวิทยาลัย
Winkel	ร้าน

Technologie
เทคโนโลยี

Bericht	ข้อความ
Bestand	ไฟล์
Blog	บล็อก
Browser	เบราว์เซอร์
Bytes	ไบต์
Camera	กล้อง
Computer	คอมพิวเตอร์
Cursor	เคอร์เซอร์
Digitaal	ดิจิทัล
Gegevens	ข้อมูล
Internet	อินเทอร์เน็ต
Lettertype	แบบอักษร
Onderzoek	วิจัย
Scherm	หน้าจอ
Software	ซอฟต์แวร์
Statistiek	สถิติ
Veiligheid	ความปลอดภัย
Virtueel	เสมือน
Virus	ไวรัส

Tijd
เวลา

Dag	วัน
Decennium	ทศวรรษ
Eeuw	ศตวรรษ
Gisteren	เมื่อวาน
Jaar	ปี
Jaarlijks	ประจำปี
Kalender	ปฏิทิน
Klok	นาฬิกา
Maand	เดือน
Middag	เที่ยง
Minuut	นาที
Morgen	พรุ่งนี้
Na	หลังจาก
Nacht	กลางคืน
Nu	ตอนนี้
Ochtend	เช้า
Toekomst	อนาคต
Uur	ชั่วโมง
Vandaag	วันนี้
Week	สัปดาห์

Tuin
สวนหย่อม

Bank	ม้านั่ง
Bloem	ดอกไม้
Bodem	ดิน
Boom	ต้นไม้
Boomgaard	สวนผลไม้
Garage	โรงรถ
Gazon	สนามหญ้า
Gras	หญ้า
Hangmat	เปลญวน
Hark	คราด
Hek	รั้ว
Onkruid	วัชพืช
Schop	พลั่ว
Slang	ท่อ
Struik	บุช
Terras	ชานบ้าน
Trampoline	แทรมโพลีน
Tuin	สวน
Veranda	ระเบียง
Vijver	บ่อน้ำ

Universum
จักรวาล

Astronomie	ดาราศาสตร์
Astronoom	นักดาราศาสตร์
Atmosfeer	บรรยากาศ
Baan	วงโคจร
Breedtegraad	ละติจูด
Dierenriem	จักรราศี
Duisternis	ความมืด
Evenaar	เส้นศูนย์สูตร
Halfrond	ซีกโลก
Hemel	ท้องฟ้า
Horizon	ขอบฟ้า
Kantelen	เอียง
Kosmisch	ฟังดู
Lengtegraad	เส้นแวง
Maan	ดวงจันทร์
Sterrenstelsel	กาแลกซี่
Zichtbaar	มองเห็นได้
Zonne	แสงอาทิตย์
Zonnewende	อายัน

Vakantie #2
วันหยุด #2

Bergen	ภูเขา
Bestemming	ปลายทาง
Buitenlander	ชาวต่างชาติ
Buitenlands	ต่างชาติ
Eiland	เกาะ
Hotel	โรงแรม
Kaart	แผนที่
Luchthaven	สนามบิน
Reis	การเดินทาง
Reserveringen	จอง
Restaurant	ร้านอาหาร
Strand	ชายหาด
Taxi	แท็กซี่
Tent	เต็นท์
Trein	รถไฟ
Vakantie	วันหยุด
Vervoer	การขนส่ง
Visum	วีซ่า
Vrije Tijd	เวลาว่าง
Zee	ทะเล

Vliegtuigen
เครื่องบิน

Afdaling	การตกทอด
Atmosfeer	บรรยากาศ
Avontuur	การผจญภัย
Ballon	ลูกโป่ง
Bemanning	ลูกเรือ
Bouw	การก่อสร้าง
Brandstof	เชื้อเพลิง
Geschiedenis	ประวัติศาสตร์
Hemel	ท้องฟ้า
Hoogte	ความสูง
Landen	ท่าเรือ
Lucht	อากาศ
Motor	เครื่องยนต์
Navigeren	นำทาง
Ontwerp	ออกแบบ
Passagier	ผู้โดยสาร
Piloot	นักบิน
Richting	ทิศทาง
Turbulentie	ความปั่นป่วน
Waterstof	ไฮโดรเจน

Voeding
โภชนาการ

Bitter	ขม
Calorieën	แคลอรี่
Dieet	อาหาร
Eetbaar	กินได้
Eetlust	ความกระหาย
Eiwitten	โปรตีน
Evenwichtig	สมดุล
Fermentatie	การหมัก
Gewicht	น้ำหนัก
Gezond	แข็งแรง
Gezondheid	สุขภาพ
Koolhydraten	คาร์โบไฮเดรต
Kwaliteit	คุณภาพ
Saus	ซอส
Smaak	รสชาติ
Spijsvertering	การย่อย
Toxine	พิษ
Vitamine	วิตามิน
Vloeistoffen	ของเหลว
Voedingsstof	สารอาหาร

Voertuigen
ยานพาหนะ

Ambulance	รถพยาบาล
Auto	รถ
Banden	ยาง
Boot	เรือ
Bus	รถเมล์
Caravan	คาราวาน
Fiets	จักรยาน
Helikopter	เฮลิคอปเตอร์
Metro	รถไฟใต้ดิน
Motor	เครื่องยนต์
Onderzeeër	เรือดำน้ำ
Raket	จรวด
Scooter	สกู๊ตเตอร์
Taxi	แท็กซี่
Tractor	รถแทรกเตอร์
Trein	รถไฟ
Veerboot	เรือข้ามฟาก
Vliegtuig	เครื่องบิน
Vlot	แพ
Vrachtauto	รถบรรทุก

Vogels
นก

Duif	นกพิราบ
Eend	เป็ด
Ei	ไข่
Flamingo	ฟลามิงโก
Gans	ห่าน
Kip	ไก่
Koekoek	นกกาเหว่า
Kraai	อีกา
Meeuw	นางนวล
Mus	กระจอก
Ooievaar	นกกระสา
Papegaai	นกแก้ว
Pauw	นกยูง
Pelikaan	นกกระทุง
Pinguïn	เพนกวิน
Reiger	กระสา
Struisvogel	นกกระจอกเทศ
Toekan	ทูแคน
Uil	นกฮูก
Zwaan	หงส์

Wandelen
เดินป่า

Berg	ภูเขา
Dieren	สัตว์
Gevaren	อันตราย
Gidsen	คำแนะนำ
Kaart	แผนที่
Klif	หน้าผา
Klimaat	ภูมิอากาศ
Laarzen	รองเท้าบูท
Moe	เหนื่อย
Muggen	ยุง
Natuur	ธรรมชาติ
Oriëntatie	ปฐมนิเทศ
Stenen	หิน
Voorbereiding	การตระเตรียม
Water	น้ำ
Weer	สภาพอากาศ
Wild	ป่า
Zon	ดวงอาทิตย์
Zwaar	หนัก

Water
น้ำ

Douche	อาบน้ำ
Drinkbaar	ดื่มได้
Geiser	น้ำพุร้อน
Golven	คลื่น
Ijs	น้ำแข็ง
Irrigatie	ชลประทาน
Kanaal	คลอง
Meer	ทะเลสาบ
Moesson	มรสุม
Oceaan	มหาสมุทร
Orkaan	พายุเฮอริเคน
Overstroming	น้ำท่วม
Regen	ฝน
Rivier	แม่น้ำ
Sneeuw	หิมะ
Stoom	ไอน้ำ
Verdamping	การระเหย
Vocht	วามชื้น
Vochtig	ชื้น
Vochtigheid	ความชื้น

Weersomstandigheden
สภาพอากาศ

Atmosfeer	บรรยากาศ
Bliksem	ฟ้าผ่า
Donder	ฟ้าร้อง
Droogte	แล้ง
Hemel	ท้องฟ้า
Ijs	น้ำแข็ง
Klimaat	สภาพอากาศ
Mist	หมอก
Moesson	มรสุม
Orkaan	พายุเฮอริเคน
Overstroming	น้ำท่วม
Polair	โพลาร์
Regenboog	สายรุ้ง
Storm	พายุ
Temperatuur	อุณหภูมิ
Tornado	พายุทอร์นาโด
Tropisch	เขตร้อน
Vochtig	ชื้น
Wind	ลม
Wolk	คลาวด์

Wetenschap
วิทยาศาสตร์

Atoom	อะตอม
Chemisch	เคมี
Deeltjes	อนุภาค
Evolutie	วิวัฒนาการ
Experiment	การทดลอง
Feit	ข้อเท็จจริง
Fossiel	ฟอสซิล
Gegevens	ข้อมูล
Hypothese	สมมติฐาน
Klimaat	ภูมิอากาศ
Methode	วิธี
Mineralen	แร่ธาตุ
Moleculen	โมเลกุล
Natuur	ธรรมชาติ
Natuurkunde	ฟิสิกส์
Observatie	การสังเกต
Organisme	สิ่งมีชีวิต
Planten	พืช
Zwaartekracht	แรงโน้มถ่วง

Wetenschappelijke Discip
สาขาวิชาวิทยาศาสตร์

Archeologie	โบราณคดี
Astronomie	ดาราศาสตร์
Biochemie	ชีวเคมี
Biologie	ชีววิทยา
Chemie	เคมี
Ecologie	นิเวศวิทยา
Fysiologie	สรีรวิทยา
Geologie	ธรณีวิทยา
Mechanica	กลศาสตร์
Meteorologie	อุตุนิยมวิทยา
Mineralogie	แร่วิทยา
Natuurkunde	ฟิสิกส์
Neurologie	ประสาทวิทยา
Plantkunde	พฤกษศาสตร์
Psychologie	จิตวิทยา
Robotica	หุ่นยนต์
Sociologie	สังคมวิทยา
Thermodynamica	อุณหพลศาสตร์
Voeding	โภชนาการ
Zoölogie	สัตววิทยา

Zakelijk
ธุรกิจ

Bedrijf	บริษัท
Begroting	งบประมาณ
Belastingen	ภาษี
Carrière	อาชีพ
Economie	เศรษฐศาสตร์
Fabriek	โรงงาน
Financiën	การเงิน
Geld	เงิน
Inkomen	รายได้
Investering	การลงทุน
Kantoor	ออฟฟิศ
Korting	ส่วนลด
Kosten	ค่าใช้จ่าย
Transactie	ธุรกรรม
Valuta	เงินตรา
Verkoop	ขาย
Werkgever	นายจ้าง
Werknemer	พนักงาน
Winkel	ร้าน
Winst	กำไร

Ziekte
โรค

Ademhaling	หายใจ
Allergieën	ภูมิแพ้
Bacterieel	แบคทีเรีย
Besmettelijk	โรคติดต่อ
Botten	กระดูก
Buik	ท้อง
Chronisch	เรื้อรัง
Erfelijk	กรรมพันธุ์
Genetisch	ทางพันธุกรรม
Gezondheid	สุขภาพ
Hart	หัวใจ
Immuniteit	ภูมิคุ้มกัน
Lichaam	ร่างกาย
Neuropathie	โรคประสาท
Ontsteking	การอักเสบ
Sinus	ไซนัส
Syndroom	ซินโดรม
Therapie	การบำบัด
Ziekteverwekkers	เชื้อโรค
Zwak	อ่อนแอ

Zoogdieren
สัตว์เลี้ยงลูกด้วยนม

Aap	ลิง
Bever	บีเวอร์
Coyote	โคโยตี้
Dolfijn	ปลาโลมา
Ezel	ลา
Geit	แพะ
Giraf	ยีราฟ
Gorilla	กอริลลา
Hond	หมา
Kameel	อูฐ
Kangoeroe	จิงโจ้
Kat	แมว
Konijn	กระต่าย
Leeuw	สิงโต
Olifant	ช้าง
Paard	ม้า
Stier	โค
Vos	ฟ็อกซ์
Walvis	วาฬ
Wolf	หมาป่า

Gefeliciteerd

Je hebt het gehaald!

We hopen dat u net zoveel plezier beleeft aan dit boek als wij aan het maken ervan. We doen ons best om spellen van hoge kwaliteit te maken.
Deze puzzels zijn op een slimme manier ontworpen zodat je actief kunt leren terwijl je plezier hebt!

Vond je ze mooi?

Een Eenvoudig Verzoek

Onze boeken bestaan dankzij de recensies die zij publiceren.
Kunt u ons helpen door nu een mening achter te laten ?

Hier is een korte link die u naar uw
bestellingen beoordelingspagina.

BestBooksActivity.com/Recensie50

FINAAL UITDAGING!

Uitdaging nr. 1

Klaar voor uw bonusspel? We gebruiken ze de hele tijd, maar ze zijn niet zo gemakkelijk te vinden. Hier zijn **Synoniemen!**

Noteer 5 woorden die je ontdekt hebt in elk van de onderstaande puzzels (nr. 21, nr. 36, nr. 76) en probeer voor elk woord 2 synoniemen te vinden.

Notitie 5 Woorden uit ***Puzzle 21***

Woorden	Synoniem 1	Synoniem 2

Notitie 5 Woorden uit ***Puzzle 36***

Woorden	Synoniem 1	Synoniem 2

Notitie 5 Woorden uit ***Puzzle 76***

Woorden	Synoniem 1	Synoniem 2

Uitdaging nr. 2

Nu je opgewarmd bent, noteer 5 woorden die je ontdekt hebt in elke hieronder genoteerde puzzel (nr. 9, nr. 17, nr. 25) en probeer voor elk woord 2 antoniemen te vinden. Hoeveel regels kan je doen in 20 minuten?

Notitie 5 Woorden uit ***Puzzle 9***

Woorden	Antoniem 1	Antoniem 2

Notitie 5 Woorden uit ***Puzzle 17***

Woorden	Antoniem 1	Antoniem 2

Notitie 5 Woorden uit ***Puzzle 25***

Woorden	Antoniem 1	Antoniem 2

Uitdaging nr. 3

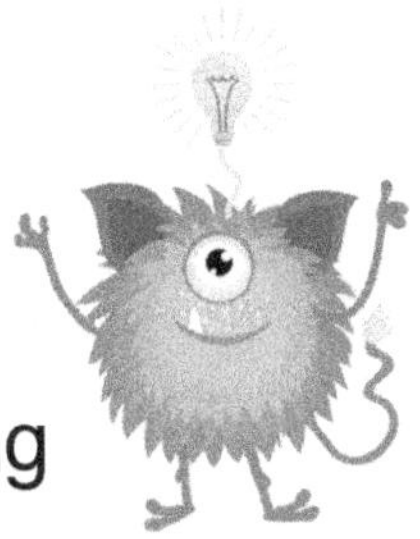

Prachtig, deze finaal uitdaging is makkelijk voor jou!

Klaar voor de laatste? Kies je 10 favoriete woorden die je in een van de puzzels hebt ontdekt en noteer ze hieronder.

1.	6.
2.	7.
3.	8.
4.	9.
5.	10.

De uitdaging is nu om met deze woorden en binnen een maximum van zes zinnen een tekst te schrijven over een persoon, dier of plaats waar je van houdt!

Tip: U kunt de laatste blanco pagina van dit boek als kladblaadje gebruiken!

Je schrijven:

NOTITIEBOEKJE:

TOT SNEL!

Linguas Classics

www.ingramcontent.com/pod-product-compliance
Lightning Source LLC
Chambersburg PA
CBHW082100120626
46553CB00011B/3483
9798896703976